BOB SEYMORE

THE END

BOB SEYMORE

THE END

DER TOD VON JIM MORRISON

AUS DEM ENGLISCHEN
VON KATHRIN RAZUM

P A L M Y R A

Die Originalausgabe erschien 1991 unter dem Titel
THE END. The Death of Jim Morrison
bei Omnibus Press, London.

Die Deutsche Bibliothek - CIP-Einheitsaufnahme

Seymore, Bob:
The end : der Tod von Jim Morrison / Bob Seymore.
Aus dem Engl. von Kathrin Razum.
Heidelberg : Palmyra, 1993
Einheitssacht.: The end <dt.>
ISBN 3-9802298-7-4

2. Auflage 1996

Umschlaggestaltung: Franz Schmucker und Georg Stein
Umschlagfoto: Patricia Devaux
Satz: Reinhard Kratzke, Heidelberg
Druck und Bindung: Clausen & Bosse, Leck
Printed in Germany
ISBN 3-9802298-7-4

Inhalt

Danksagung

Ich danke folgenden Personen für ihre Beiträge zu den Recherchen und der Produktion dieses Buches: Marta de Lapresle, die den Stein ins Rollen gebracht hat; Nick Gough, der immer in der Nähe war; Prof. Austin Gresham für seine kostenlose medizinische Auskunft; Monsieur Thomas und seinem Sohn Patrick, die Nachbarn von Jim und Pam in Paris waren; Monsieur A. Chastagnol, ebenfalls einer von Jims Nachbarn in Paris, der als letzter – abgesehen von Pam sowie den Polizei- und Feuerwehrbeamten – Jims Leiche gesehen hat; Richard Chainey für sein Feedback; Christopher English von der amerikanischen Botschaft in Paris; Nadine Sim für ihr Engagement und ihre Geduld; ihrer Freundin Marie-Laure Brilland in Paris, die für uns die Kopien der Polizeiakten abholte; Capt. Mercier und Lt. Col. Galeraud in Paris; Dr. Rob Stepney und Dr. Neville Silverston; Barry Miles und Chris Charlesworth für das Lektorat der englischen Ausgabe; Danny Sugerman in Los Angeles; Kathrin Razum für die deutsche Übersetzung; dem Verleger Georg Stein; und schließlich meiner Frau Patsy, die auch in den schwierigsten Zeiten durchhielt.

Bob Seymore, Cambridge, August 1993

Für Hopo

There's the known
and there's the unknown
and what separates the two is the door –
and that's what I wanna be.

Jim Morrison

Just remember
that death is not the end …

Bob Dylan

Die Legende

Jim flog nach Paris, als wir gerade ›L.A. Woman‹ abmischten. Es war auch nicht notwendig, daß er dabei war. Er meinte: ›Macht ihr das mal fertig, Jungs – ich fahr nach Paris.‹ Wir antworteten: ›Klar, Mann, wir sprechen uns dann später.‹ Seitdem habe ich nichts von ihm gehört.« – Ray Manzarek, 1981

»Ich habe Pam ein paar Monate danach gesehen, und als ich ihr in die Augen schaute, war ich mir ziemlich sicher, daß Jim tot war ... Andererseits ist er wohl der einzige Mensch, den ich kenne, der verrückt genug wäre, um uns so hinters Licht zu führen.« – John Densmore, 1972

»Wenn man von Pamelas Zustand ausgehen konnte, dann war Jim tot. Sie machte uns nichts vor. Diese Frau war am Boden zerstört. Jim war ihr Leben, und sie war völlig fertig, also gehe ich davon aus, daß Jim tot ist – weil Pam so reagierte, weil der Sarg in die Grube hinuntergelassen wurde und weil das keiner je bestritten hat. Aber ... wer weiß?« – Ray Manzarek, 1980

Ich mag die Doors, seit ich sie das erste Mal gehört habe. Sie hatten etwas Bedrohliches an sich, das einen zwang, hinzuhören, sie zu beachten. Passivität war nicht drin – Konfrontation, Beteiligung, Action waren angesagt. Die Musik war gewöhnungsbedürftig, ging nie leicht ins Ohr, aber wenn man sich erst einmal daran gewöhnt hatte, dann waren die Doors wunderbar.

Die Doors machten keine halben Sachen, und ihr Sänger Jim Morrison schon gar nicht. Sie gingen völlig in ihrer Musik auf, führten ein entsprechendes Leben, und es war kein Wunder, daß diese Intensität bei den Tugendwächtern, Moralaposteln und Ordnungsliebenden im Land nicht auf Gegenliebe stieß. Besonders Jim eckte während seines Aufstiegs zum Rockstar überall an.

Nach allem, was man liest, war Jim nicht gerade schuldlos an seinem schlechten Ruf. Verschiedene Biographien stellen ihn als arroganten, egoistischen und überhaupt ziemlich unangenehmen Zeitgenossen dar. Schon in seiner Jugend war es sein größtes Vergnügen, jeden, der ihm über den Weg lief, zu provozieren; als er älter und radikaler wurde, schloß das alle Autoritätspersonen, Fremde und sogar die anderen Doors und ihre Freunde ein. Es scheint kein Geheimnis zu sein, daß weder Schlagzeuger John Densmore noch Gitarrist Robby Krieger besonders gut mit Jim auskamen. Ray Manzarek, der Jim »entdeckt« hatte, war etwas toleranter, wahrscheinlich wegen ihres gemeinsamen Interesses an der Avantgarde-Filmemacherei. John und Robby waren professionelle Musiker, die bei jedem Auftritt ihr Bestes geben wollten – dafür wollten sie dann aber auch den entsprechenden Verdienst einstreichen, mit dem ein Rockstar Ende der sechziger Jahre rechnen konnte. Jim war ihnen dabei hinderlich, und die meiste Zeit war ihm das auch noch völlig egal.

Materieller Komfort war Morrison nicht wichtig, auch war er nicht sonderlich daran interessiert, als Musiker Karriere zu machen. Er schlief oft da, wo er sich zufällig gerade aufhielt. Abgesehen von ein paar Büchern – und der allgegenwärtigen Lederhose – besaß er kaum etwas, und traditionelle Formen von Stabilität oder Sicherheit bedeuteten ihm nichts. Die meiste Zeit war er betrunken, zugekifft oder beides auf einmal, und es schien ihm Spaß zu machen, sich öffentlich danebenzubenehmen, um die Leute in seiner Gesellschaft in Verlegenheit zu bringen.

Diese letzte Angewohnheit versuchte er manchmal als eine Art »soziales Experiment« zu rechtfertigen. Jim Morrison war sicher kein typischer Rockstar. Er war sehr gebildet, von Natur aus wißbegierig und stellte alles erst einmal in Frage. Seit seiner Jugend las er leidenschaftlich gern Belletristik, Philosophie und Lyrik, er war Undergroundfilm-Fan (studierte auch zeitweise Film) und versuchte immer wieder, in philosophischen Diskussionen und anarchischen Experimenten die Natur des Menschen und die Grenzen der menschlichen Leidensfähigkeit auszuloten. Seiner Familie war er entfremdet, besonders seinem Vater, der Berufsoffizier bei der Marine war. Jim neigte zu wilden Gesten, die auf ihn aufmerksam machen sollten; er ließ sich durch Südkalifornien treiben, unberechenbar und gefährlich wie eine losgerissene Kanone an Bord eines sturmgeschüttelten Kriegsschiffs.

Dann kamen die Doors. Am Strand von Venice lernte Morrison im Sommer 1965 Ray Manzarek kennen, der eine klassische Klavierausbildung hinter sich hatte und wie Jim Film studierte. Jim gab ein paar Zeilen seines Gedichts *Moonlight Drive* zum besten und war sofort einverstanden, als Ray vorschlug, sie sollten doch eine Band gründen und »eine Million Dollars verdienen«. John Densmore und Robby Krieger, die Ray aus einem Meditationskurs kannten, waren schnell mit von der Partie. Die Doors – der Name war von Aldous Huxleys Buch *The Doors Of Perception* abgeleitet, dessen Titel selbst wiederum ein Zitat von William Blake war – trafen sich zu ein paar chaotischen Proben und begannen dann, unter der Woche in einem gerade wenig besuchten Club namens London Fog am Sunset Strip aufzutreten.

Nach einigen Fehlstarts nahm Elektra die Doors Ende 1966 schließlich unter Vertrag; als im Jahr darauf ihr erstes Album herauskam und ein durchschlagender Erfolg wurde, war ihre Zukunft gesichert. Zwölf Monate später waren sie Stars – allen voran Bandleader Jim Morrison.

Aber Jim war voller Widersprüche, und je schwerer sein Erfolg auf ihm lastete, desto übler wurde sein Verhalten und desto größer sein Bedürfnis, allem zu entfliehen. Sein extravertiertes und dabei egozentrisches Verhalten – sowohl auf der Bühne als auch im täglichen Leben – war das eines Mannes, der sich für einen echten Künstler hielt, sich aber nicht ernst genommen fühlte. Die Doors wollten mehr als nur Rock'n'Roll spielen, sie wollten etwas Tiefergehendes vermitteln, aber irgendwie waren sie der kommerziellen Musikszene zugeordnet worden, und so spielten die Underground-Radiosender ihre Stücke nicht so oft, wie sie es gerne gehabt hätten. Viele der jüngeren Fans hatten die Doors nie live gesehen und hielten sie für eine Band, die Single-Hits wie *Light My Fire* oder *Hello I love You* produzierte – beide Stücke waren in den Top Twenty plaziert gewesen –, die aber keine ganzen Alben einspielte, wie etwa The Grateful Dead, die überhaupt keine Singles herausbrachten. Außerdem kamen die Doors aus Los Angeles – in einer Zeit, als alle glaubten, daß Undergroundbands aus San Francisco kommen müßten, wie eben Grateful Dead oder Jefferson Airplane. Dabei waren auch Frank Zappa und seine Mothers of Invention aus L.A., und Velvet Underground kam aus New York, ohne daß das die College- und Underground-Radiosender daran gehindert hätte, beide Bands immer wieder ins Programm zu nehmen.

Das Leben als Popstar, davon war Jim bald überzeugt, war trivial und unbefriedigend. Die kreischenden Teenager waren eine Beleidigung für sein Talent und seine Kreativität, und daß seine Fans vor allem deswegen ihre Schlafzimmerwände mit Postern von ihm schmückten, weil er so gut aussah, empfand er als Herabsetzung seines künstlerischen Werks. Er fragte sich, ob er ein Star bleiben würde, wenn er sich zu einem fetten, bärtigen, aufgeschwemmten und betrunkenen ekelhaften Kerl verkommen ließe. Würden seine Fans ihn auch dann noch bewundern, wenn er einen Monat lang die Kleider nicht wechselte, sich nicht wusch und sich die Haare nicht kämmte?

Wie weit konnte er dieses perverse Experiment treiben? Würden seine Fans ihn noch verehren, wenn sie ihn nicht mehr zu Gesicht bekämen? Wenn er auf der anderen Seite der Erde lebte, weit weg von dem täglichen Wahnsinn in Kalifornien, oder wenn er gar tot wäre?

Diesen düsteren Gedanken entsprach die düstere, schwere Musik, mit der die Band jeden Abend das Gekreisch zu übertönen versuchte, das Jims Beschwörungstänze in seinen engen Lederhosen hervorriefen. Die Musik der Doors war anders als die sonnige, fröhliche Popmusik, die bis dahin aus L.A. gekommen war; sie war oft bedrohlich, voller Dunkelheit. Morrisons impressionistische Texte und seine Intensität auf der Bühne vermischten sich mit der ungewöhnlich eklektischen Untermalung von Manzarek und Krieger zu einem brodelnden, köstlichen, aber giftigen Elixier.

Giftige Elixiere genoß Morrison reichlich in seinem kurzen Leben. Ich wohnte in San Francisco, als die Nachricht von seinem Tod aus Paris nach Amerika durchsickerte. Zu dieser Zeit interessierte ich mich mehr für kommerzielle Kunst – ich stellte fluoreszierende Poster her und versuchte sie in sogenannten *head shops* zu verkaufen. In diesen Läden roch es nach Räucherstäbchen, Kerzen waren die einzige Beleuchtung, und aus einem einzelnen, staubigen Lautsprecher dröhnte Underground-Musik, meistens *In A Gadda Da Vida* von Iron Butterfly. Ich machte Poster, die in ultraviolettem Licht leuchteten, Poster von Hendrix, Janis Joplin – ja, und auch von Jim Morrison. Seine langen schwarzen Haare ringelten sich wie Schlangen um seinen Hals, seine Augen glühten aus Augenhöhlen, die tief im Schädel lagen, und sein Lächeln war voller Spott und Häme gegenüber jeglicher Autorität.

Der Traum der sechziger Jahre, die Utopie von Liebe und Frieden auf der ganzen Welt, die nicht zuletzt aus der Musik von ein paar Leuten mit langen Haaren und Gitarren entstanden war, zerbrach, als 1969 erst Brian Jones und 1970 dann Jimi Hendrix und Janis Joplin starben. Noch ein Jahr später kam der endgültige Schlag: Auch Jim Morrison, der Eidechsenkönig in Leder, der Bandleader der Doors, war tot.

Die Presse berichtete, daß Jim in seiner Wohnung in Paris in den frühen Morgenstunden des 3. Juli 1971 an einem Herzanfall gestorben war, während er gerade ein Bad nahm. Jim Morrison, der Sänger, Jim Morrison, der Dichter, Jim Morrison, die Stimme der Anarchie und Autoritätsverweigerung, war tot. War er unter dem Druck seines Erfolgs zerbrochen? Hatte er sich zu dem endgültig letzten intellektuellen Experiment entschlossen, um herauszufinden, ob der Ruhm wirklich den Tod überdauern kann? Oder war er an den köstlichen Giften gestorben, die zu reichlich durch seine Venen flossen?

Zuerst konnte ich es einfach nicht glauben. Morrison war eine äußerst umstrittene Gestalt, er schien ständig in irgendwelche Streitereien verwickelt und hatte 1971 gleich mehrere Klagen am Hals, die alle in Gefängnisstrafen enden konnten. Das reichte von Vaterschaftsklagen von flüchtigen Bettbekanntschaften bis hin zu der erfundenen Anschuldigung, er habe in betrunkenem Zustand ein Flugzeug auf dem Weg nach Las Vegas entführen wollen – tatsächlich beschränkte sich diese Episode wohl darauf, daß einer von Jims Begleitern mit einer Stewardeß zu flirten versuchte, indem er ihr unter den Rock langte. Schwerwiegender war da die Anklage, er habe durch sein anstößiges Verhalten auf einem Konzert in Miami, Florida, im Juli 1969 einen Krawall ausgelöst – das war der berühmte Auftritt im Dinner Key Auditorium, bei dem er mit heruntergelassener Hose vor dem Publikum gestanden und so getan haben soll, als ob er onanierte. Die Anschuldigungen häuften sich, die Stimmung im Land war häßlich, und in der Regierung und den Gerichten – besonders in Südstaaten wie Florida – saßen viele Rechte, die fanden, daß ein Gefängnisaufenthalt (ganz zu schweigen von einem Gefängnishaarschnitt) einem arroganten Rocksänger mit schlechten Manieren wie Jim Morrison nur gut tun könnte. Es sah schlecht aus für Jim, doch gleichzeitig war auch die Rede davon, daß er genug von der Popszene hatte und bei den Doors aussteigen wollte, um sich ganz aufs Schreiben zu konzentrieren. Sein erster Gedichtband, der die zwei zuvor im Selbstverlag erschienenen Bände *The Lords* und *The New Creatures* zusammenfaßte, war gerade in New York in den Druck gegangen, und weitere Veröffentlichungen sollten folgen.

Um seinen rechtlichen Problemen und dem Starrummel zu entkommen, hatte Morrison sich entschlossen, zu seiner langjährigen Freundin Pamela Courson zu ziehen, die damals in Paris lebte. Er kam im März 1971 in Frankreich an. Nur ein paar Freunde wußten, daß er da war, und in der Regel erkannte ihn niemand, wenn er die Boulevards entlangschlenderte oder auf den Spuren amerikanischer Schriftsteller wie F. Scott Fitzgerald und Ernest Hemingway in den Buchläden am linken Seine-Ufer herumstöberte. Er hatte seinen berühmten wilden Bart abrasiert und keine Anstalten gemacht, von dem Gewicht herunterzukommen, das er in den Jahren seit der Gründung der Doors angesetzt hatte. Wegen der Sprachschwierigkeiten interessierten sich nur relativ wenige junge Franzosen für amerikanische Rockmusik, und so konnte Morrison hier durch die Stadt laufen und in den Cafés sitzen wie alle anderen auch. Für die Franzosen war er ein junger amerikanischer Tourist unter vielen.

Einige Monate vergingen, und er begann sich langsam etwas zu entspannen, trank allerdings weiterhin sehr viel und schnupfte gelegentlich Kokain. Er versuchte anscheinend, das Trinken einzuschränken, aber sein schlechter Gesundheitszustand machte sich schon deutlich bemerkbar; er hatte schon ein paarmal Blut gehustet und geriet beim Treppensteigen schnell außer Atem.

Am 3. Juli 1971, kurz nach Mitternacht, beschloß Jim, ein Bad zu nehmen. Pamela ging schlafen, wachte aber gegen 5 Uhr auf und bemerkte, daß Jim nicht ins Bett gekommen war. Sie fand ihn im Bad, er lag tot im lauwarmen Wasser. Sie rief Hilfe herbei; zuerst kam der Rettungstrupp der Feuerwehr, kurz darauf die Polizei, aber es war zu spät. Jim wurde für tot erklärt und am 7. Juli auf dem Père-Lachaise-Friedhof in Paris beigesetzt, wo auch Oscar Wilde, Edith Piaf und Molière begraben liegen. Erst am 9. Juli informierte Bill Siddons, der Manager der Doors, die Presse, nachdem er mit Pamela nach Los Angeles zurückgekehrt war.

Siddons war auf Pamelas Wunsch nach Paris gekommen. Sie hatte ihn voller Panik angerufen und gesagt, daß Jim etwas zugestoßen sei. Was passiert war, sagte sie nicht, aber Siddons befürchtete offenbar das Schlimmste und nahm das nächste Flugzeug. Es war nicht das erste Mal, daß das Gerücht von Jims Tod umging, aber diesmal beschloß Siddons, es ernst zu nehmen. Als er in Morrisons Wohnung ankam, zeigte Pamela ihm den geschlossenen Sarg und den Totenschein. Die Leiche sah Siddons nie.

Aus diesem Grund hat es jahrelang Gerüchte und Spekulationen darüber gegeben, daß Jim noch am Leben sein könnte, daß sein »Tod« nur ein Bluff war. Es schien plausibel. Jim war sicherlich schlitzohrig genug für eine solche Inszenierung, und mit den gegen ihn anhängigen Klagen hatte er auch ein einleuchtendes Motiv. Den Gerüchten zufolge waren weder eine polizeiliche Untersuchung noch ein Einsatz der Feuerwehr in den Akten dokumentiert, und auch für eine Obduktion gab es keinen Nachweis. Auf dem Totenschein stand, daß Morrison an einem Herzanfall gestorben war, aber Pamela konnte sich nicht an den Namen des Arztes erinnern, der den Totenschein ausgestellt hatte. Auch die amerikanische Botschaft in Paris behauptete, nichts von dem Tod eines amerikanischen Staatsbürgers an jenem Wochenende zu wissen. Bevor Morrison nach Paris geflogen war, hatte er die anderen Doors gefragt: »Was wäre mit euch, wenn ich sterben würde?« Hatte er bereits sein Verschwinden vorbereitet?

Weder die Presse noch Jims spätere Biographen sahen sich in der Lage, seinen Tod als unzweifelhafte Tatsache anzusehen. Hatte Pamela einen leeren Sarg beisetzen lassen? War Siddons – und mit ihm der Rest der Welt – mit einem versiegelten Sarg und einem gefälschten Totenschein zum Narren gehalten worden? Lebte Jim irgendwo auf der Welt weiter, wohlauf und unbehelligt von Ruhm und Gesetz?

Und es gab weitere, noch wildere Gerüchte: Morrison war tatsächlich tot, aber er war auf der Toilette eines Musikclubs namens Rock'n'Roll Circus in der Rue de Seine gestorben, nachdem er Heroin geschnupft hatte, das er entweder für Kokain gehalten oder in seiner Reinheit unterschätzt hatte. Es hieß, daß er über den hinteren Teil der Bühne hinausgebracht worden sei, während eine Band spielte, deren Programm den Titel »Der Tod des Rock'n'Roll« (!) trug. Der Hinterausgang des Rock'n'Roll Circus lag direkt neben der Küche eines viel nobleren Clubs, des Alcazar, und führte auf die Rue Mazarine hinaus. Hier wurde Jim angeblich in ein Taxi oder ein anderes Auto gepackt, benommen, im Koma oder sogar schon tot, und nach Hause in die Rue Beautreillis gefahren. Außerdem soll in der gleichen Nacht Cameron Watson, Diskjockey in einem anderen Musik-Nachtclub namens La Bulle, einem größtenteils betrunkenen Publikum Jim Morrisons Tod bekanntgegeben haben, und zwar Stunden bevor die Polizei oder Morrisons Freunde benachrichtigt wurden. Er hatte diese Information angeblich von einem stadtbekannten Heroinsüchtigen. War auch Jim Morrison ein Drogenopfer? Wurde hier irgend etwas vertuscht? Ob er noch lebte oder tot war, die ganze Sache war äußerst mysteriös.

Der Geist der sechziger Jahre war 1971 noch sehr lebendig, und so brachte die überdrehte Fantasie irgendeines Fans schließlich noch das Gerücht hervor, daß Jim Morrison zwar lebte, aber von Außerirdischen entführt worden sei. Diese Idee verwarf ich (14 Jahre später). Etwas ausgesprochen Romantisches war hingegen an der Vorstellung, daß Morrison vielleicht gesund und munter irgendwo im afrikanischen Busch lebte und nachts in der Gesellschaft von Eingeborenen und dem obligatorischen Medizinmann nackt im Mondlicht tanzte.

Natürlich trug das Geheimnis um Jims Tod sehr zu der anhaltenden Beliebtheit der Doors bei, wie auch zu der Faszination, die bis heute von Jim ausgeht. Solange es Leute gab, die daran glaubten, daß er vielleicht noch am Leben war, gab es Gesprächsstoff, der das Interesse an den Doors und vor allem an Jim Morrison aufrechterhielt. Und so etwas ist gut fürs Geschäft – was diejenigen, die in irgendeiner Weise finanziell an Jims Erbe beteiligt waren und noch sind, über die Jahre sicher zu schätzen gewußt haben.

Jim Morrison ist zu einer Kultfigur geworden, neben anderen romantisierten Idolen wie James Dean und Marilyn Monroe. Auch lange nach seinem Tod verkaufen sich die Platten der Doors zu Hunderttausenden. Manch eine Band, die heute noch auftritt, würde mit Kußhand ihren Gewinn gegen die Schecks eintauschen, die die Verkaufsabteilung von Elektra jedes Jahr den drei übriggebliebenen Doors-Mitgliedern zukommen läßt. Nach wie vor beeinflußt die Musik der Doors die jungen Bands. Ihre Lieder werden immer noch gecovert, und ihr Stil, dieser ganz eigene Ausdruck von Entfremdung, ist über die Jahre immer wieder von zornigen jungen Männern in schwarzen Lederjacken an Gitarre und Schlagzeug nachgeahmt worden.

Viel davon wäre zweifellos auch geschehen, wenn Jim Morrison in jener Nacht in Paris nicht gestorben wäre. Aber wie nur wenige andere Idole aus den Sechzigern sind die Doors in ihrer Musik nicht nur lebendig geblieben, sondern sie prägen die Musikszene bis in die neunziger Jahre hinein.

Und in der Zwischenzeit ist die Legende um Jim Morrison beständig weitergewachsen, wie die riesigen Redwood-Bäume in dem Staat, in dem er lebte.

Auf Spurensuche in Paris

Eines Abends saß ich mit meinem Freund Richard in Sweeny Todd's Pizza Parlour in Cambridge, und wir fingen an, über Jim Morrison und die Doors zu reden. Wir unterhielten uns oft über Musik und über die guten alten Zeiten, als wir noch zusammen in einer Band gespielt hatten. Die Band hieß Hopo, und wir bekamen damals beinahe einen Vertrag bei Private Stock, wo auch Blondie ihr erstes Album eingespielt hat. Aber es wurde dann doch nichts daraus, wie bei so vielen Bands und so vielen Abmachungen mit so vielen Plattenfirmen. Wir hatten vereinbart, daß jemand von der Plattenfirma zu einem Auftritt kommen und uns anhören sollte, aber wir wissen bis heute nicht, ob überhaupt jemand da war. 1980 stiegen dann mehrere Bandmitglieder aus und gingen ihre eigenen Wege. Ich habe mich damals selbständig gemacht und eine Fotoagentur eröffnet. Das ist jetzt zehn Jahre her, und der Laden läuft ganz gut. Wir haben uns auf Pressefotos, Studio- und Außenaufnahmen sowie Werbefotografie spezialisiert.

Ich erzählte Richard also, daß ich es für sehr gut möglich hielte, daß Jim Morrison noch am Leben sei, weil es um seinen Tod so viele Ungereimtheiten gebe. Richard stimmte zu, es sei gut möglich, wenn auch nicht sehr wahrscheinlich. Dann begannen überall Poster von Morrison aufzutauchen, es gab ein richtiges Doors-Revival. Eines Abends sah ich *Apocalypse Now* im Fernsehen (ich hatte nie die Gelegenheit gehabt, den Film im Kino zu sehen), und als plötzlich die ersten Takte von *The End* eingespielt wurden, wußte ich: »Da muß ich was unternehmen.« Ich saß da, hörte mir das Lied an und beschloß, die Sache ganz systematisch zu untersuchen. Es war wie ein Wiedersehen mit einem alten, lange vergessenen Freund, durch das die Erinnerung an eine schöne, aber in weite Ferne gerückte Zeit wieder lebendig wird.

Soviel ich wußte, war Morrisons Tod nie richtig untersucht worden. Alle Berichte waren tatsächlich nicht mehr als Gerüchte. War er tot? Oder lebte er noch? Aufgrund der Gerüchte hatte ich das Gefühl, er sei vielleicht wirklich noch am Leben, und ich stellte mir vor, was es bedeuten würde, ihn irgendwo vor die Kamera zu bekommen. Genau das war es, was ich wollte – dieses Foto von Jim Morrison, 20 Jahre danach. Das war mein großes Ziel. Ich war noch ziemlich jung und hatte kaum Erfahrung als Fotojournalist, aber ich war entschlossen, der Sache auf den Grund zu gehen – falls Jim Morrison noch lebte, dann wollte ich derjenige sein, der ihn fand und fotografierte. Das würde die Story des Jahrzehnts werden.

Mein Büro ist winzig; auf meinem Tisch türmt sich Papier und aller möglicher anderer Kram, so daß ich kaum Platz zum Arbeiten habe, es reicht gerade für meinen Terminkalender und mein Telefon. Wir haben einen Bildsender, mit dem wir Fotos innerhalb von acht Minuten an Zeitungen auf der ganzen Welt schicken können, und wenn hier in der Gegend etwas los ist, versuchen wir uns als Presseagentur; aber das kommt nicht oft vor.

Es vergingen einige Monate, in denen ich die meiste Zeit entweder fotografierte oder in der Dunkelkammer stand, um meine Bilder zu entwickeln. Eine Zeitlang arbeitete eine junge Französin namens Marta bei uns, die aber schließlich wieder nach Paris zurückging. Dies gab mir die Gelegenheit, erste Erkundigungen anzustellen. Ich bat sie, mit der amerikanischen Botschaft Kontakt aufzunehmen; Zeitungsartikel über Morrisons Tod zusammenzusuchen; wenn möglich eine Kopie der Sterbeurkunde oder etwaiger Polizeiakten aufzutreiben; herauszufinden, wer sich um die Beerdigung gekümmert hatte, und bei alledem darauf zu achten, ob es irgendwelche Widersprüche gab. Dies waren die grundlegenden Fragen, auf denen meine Ermittlungen aufbauen mußten.

Marta war sehr nett. Sie war als Studentin nach Cambridge gekommen und hatte sich dann dort niedergelassen; sie war sehr temperamentvoll und wollte eine große Fotografin werden. Bei uns lernte sie verschiedene Druck- und Entwicklungstechniken, aber sie war auch an dem Morrison-Projekt interessiert – wenn sie auch persönlich davon überzeugt war, daß Morrison wirklich tot war. Sie entwickelte auf ihrer Suche in Paris sehr viel Eigeninitiative, stieß aber schnell auf Hindernisse und mußte feststellen, wie schwierig es war, ohne die notwendigen Genehmigungen gegen die Bürokratie anzukommen.

Es zeigte sich, daß Zeitungsartikel äußerst dünn gesät waren; aber was immer Marta finden konnte, würde uns neue Anhaltspunkte liefern. Mir war damals nicht klar, daß sich aus diesen ersten Nachforschungen jede Menge weitere, zum Teil unlösbare Fragen ergeben würden und daß ein Bluff, falls es denn einer gewesen sein sollte, wahrscheinlich sehr gut abgesichert war. Das einzige, was Marta auftreiben konnte, war ein Auszug aus Jim Morrisons Sterbeurkunde, den sie auf dem Standesamt erhielt. Einen solchen Auszug bekommt man problemlos, aber das Original darf man nicht ohne spezielle Genehmigung einsehen, da es als vertraulich gilt, und diese Genehmigung wird nur selten erteilt. In der Abschrift wird nur aufgeführt, wer den Todesfall gemeldet hat, sowie Zeit und Ort des Todes. Der Name des Arztes, der die Urkunde unterschrieben hat, wird nicht erwähnt. Der Auszug sah folgendermaßen aus:

Am 3. Juli 1971, 5 Uhr, Rue Beautreillis 17, starb James Douglas Morrison, geboren in Florida (U.S.A.) am 8. Dezember 1943, Wohnsitz in Los Angeles (U.S.A.), 82-16 Norton Ave., Los Angeles, nächste Verwandte dem Informanten nicht bekannt. Junggeselle.

Gemeldet am 3. Juli 1971, 14.30 Uhr, von Michel Gagnepain, 34 Jahre alt, angestellt in der Rue du Cloître-Nôtre-Dame 8, der diese Erklärung, nachdem er sie gelesen hat, in unserer Anwesenheit unterzeichnet hat.

Annie Jacqueline Françoise geb. Tarin, Mme Moreno; Beamtin des Bürgermeisteramts des vierten Arrondisse-

ments, Paris; vom Bürgermeister bevollmächtigte Standesbeamtin.

Marta gab auf. Meine Verpflichtungen in Cambridge hinderten mich damals daran, selbst nach Paris zu fahren, und so vertagte ich das Projekt für eine Weile. Aber ich vergaß es nicht.

Im Juli 1988 beschloß ich, noch einmal von vorne anzufangen und von Cambridge aus zu tun, was möglich war. Am 21. Juli schickte ich ein Telex an die amerikanische Botschaft in Paris, in dem ich anfragte, ob sie dort irgendwelche Unterlagen zum Tod von James Douglas Morrison hätten, und falls ja, ob sie mir folgende Fragen beantworten könnten:

- Wer meldete der Botschaft wann und wie Morrisons Tod?
- Was war die offizielle Todesursache, und woher hatten sie diese erfahren?
- Welche Rolle spielte die Botschaft bei der Benachrichtigung der Verwandten in den USA?
- Was wußten sie über den Verbleib von Morrisons persönlichem Eigentum?
- Wer war heute für seinen Nachlaß zuständig?
- Gab es in den Akten der Botschaft irgendwelche Hinweise auf Morrisons Reisen in Europa vor seinem Tod?
- Wußten sie, wer von Morrisons Verwandtschaft bei der Beerdigung anwesend war?

Ich hob besonders hervor, daß ich freier Journalist und amerikanischer Staatsbürger bin, denn ich hoffte, daß sie dann denken würden: »Das ist einer von unseren Jungs, dem wollen wir mal unter die Arme greifen.« Keine Chance. Am 26. Juli kam die Antwort:

Sehr geehrter Herr Seymore,

wir haben ihr Telex vom Juli erhalten, in dem sie um Details zum Tod von Jim Morrison in Paris 1971 bitten. Wegen näherer Informationen zu diesem Fall wenden Sie sich bitte an die Anwälte der Familie des Verstorbenen in den U.S.A.: Weinstock, Manion, King, Hardie & Reisman, 1888 Century Park East, Suite 800, Los Angeles, CA 90067, U.S.A. (0101-213-553-8844). Dort wird man entscheiden, welche Informationen Sie zu diesem Fall erhalten können.
Ich hoffe, daß Ihnen diese Angaben weiterhelfen.

Mit freundlichen Grüßen,

Christopher English
Amerikanischer Konsul

Die Familienanwälte der Morrisons waren natürlich die letzten, mit denen ich Kontakt aufnehmen wollte, denn falls Jim noch am Leben war, waren sie womöglich an der Verschwörung beteiligt, verwalteten vielleicht seine

Finanzen und ähnliches mehr. Wenn ich mich an sie wandte, würden sie Jim benachrichtigen, und er würde endgültig untertauchen. Ich vertagte das Projekt abermals, bis ich eine bessere Möglichkeit gefunden hatte, Ermittlungen anzustellen.

Über ein Jahr später, im Oktober 1989, nahm ich meine Ermittlungen wieder auf. Ich hatte gerade *No One Here Gets Out Alive* von Jerry Hopkins und Danny Sugerman gelesen, und das hatte mir neuen Antrieb gegeben, die genauen Umstände von Jim Morrisons Tod zu untersuchen und das Thema ein für allemal abzuhaken. Das Buch ist nicht nur eine spannende und sehr gut zu lesende – wenn auch umstrittene – Darstellung von Jim Morrisons Leben, sondern es hebt auch besonders hervor, daß Jim vielleicht noch am Leben ist. Die Veröffentlichung dieses Buches, das schnell zum Bestseller wurde, trug viel dazu bei, daß die Doors in Amerika in den frühen achtziger Jahren wieder sehr populär wurden.

Zu dieser Zeit vermieteten meine Frau und ich Zimmer an Studenten einer Sprachschule in Cambridge, und so fragte ich in der Schule nach, ob mir jemand dabei helfen könne, Briefe auf Französisch zu schreiben. Man stellte mir Nadine Sim vor, die meine Übersetzerin und unverzichtbare Assistentin wurde. Nadine ist Französin, Ende Dreißig, und spricht perfekt Englisch. Sie ist mit einem Schotten verheiratet, und obwohl sie schon eine ganze Weile in England lebt, fährt sie oft nach Frankreich. Als Studentin hat sie einige Jahre in Edinburgh verbracht, was ihren ungewöhnlichen, sehr angenehmen

Akzent erklärt: Sie spricht ein weiches Englisch mit französischem und zugleich schottischem Einschlag, das sehr gut ins Ohr geht.

Es gab eine Reihe von naheliegenden Fragen, denen wir nachgehen wollten. Zunächst bat ich Nadine, auf dem Père-Lachaise-Friedhof anzurufen, um nähere Angaben über das Grab zu bekommen. Man sagte ihr, sie solle ihre Anfrage schriftlich stellen, also schrieb ich einen Brief, den sie übersetzte.

Sehr geehrte Damen und Herren,

ich bin freier Journalist und Fotograf, komme aus den USA, lebe und arbeite aber seit geraumer Zeit in England. Ich recherchiere zur Zeit über einen gewissen James Douglas Morrison, der auf Ihrem Friedhof begraben liegt. Er ist am 3. Juli 1971 gestorben.
Da es mir leider nicht möglich ist, nach Paris zu kommen und die folgenden Fragen persönlich zu stellen, wäre ich Ihnen für eine schriftliche Antwort dankbar:

- *Wann wurde die Grabstelle gekauft?*
- *Wurde sie bar oder mit Scheck bezahlt?*
- *Wer wählte sie aus und bezahlte sie?*
- *Wann fand das Begräbnis statt?*
- *Wer hielt die Andacht?*
- *Wie gelangte der Sarg auf den Friedhof, und falls ihn ein Bestattungsunternehmer brachte, welcher war es?*

Ich wäre Ihnen sehr dankbar für jeglichen Hinweis, auch dahingehend, wer mir möglicherweise noch weiterhelfen könnte.

Mit freundlichen Grüßen,

Bob Seymore

Es verging ungefähr ein Monat, und ich wartete immer noch auf Antwort. Schließlich bat ich Nadine, telefonisch bei der Friedhofsverwaltung nachzufragen, wie es um eine Antwort stand. Eine Frau im Büro dort sagte, man habe mir geschrieben, der Brief sei unterwegs und müsse dieser Tage bei mir ankommen. Nun gut, ich wartete also weiter. Tage vergingen. Kein Brief. Nadine rief noch einmal an, und diesmal gaben sie zu, daß sie gar keinen Brief geschrieben hatten.

Was in aller Welt ging hier vor? Ich hatte immer gedacht, die französischen Beamten gälten als besonders effizient. Die Entschuldigung der Leute von der Friedhofsverwaltung für diese offensichtliche Lüge war, daß die Informationen, um die ich gebeten hatte, vertraulich seien und sie solche Fragen nicht beantworten dürften. Warum hatten sie mich dann überhaupt aufgefordert, ihnen zu schreiben? Nadine sagte ihnen am Telefon deutlich die Meinung, und schließlich lenkten sie ein und meinten, zwei meiner Fragen könnten sie beantworten: Das Grab sei am am 2. Juli 1971 gekauft worden, und das Begräbnis habe am 7. Juli 1971 stattgefunden. Das sei alles, was sie mir sagen könnten. Das Gespräch war beendet.

Ich war verblüfft. Das war ja mehr als erstaunlich: Jim Morrison hatte sich *am Tag vor seinem Tod* ein Grab gekauft! Schon begannen sich meine Nachforschungen auszuzahlen. Es sah gut aus – zu gut, wenn ich es mir recht überlegte. So leicht konnte es nicht sein, einen Schwindel aufzudecken. Mir wurde klar, daß ich mich zu sehr in meine Entdeckung hineinsteigerte. Vielleicht handelte es sich nur um einen Fehler in den Akten. Ich mußte diese Information schriftlich haben. Nadine rief noch einmal in Paris an, aber diesmal bekam sie eine andere Antwort: Das Grab war am 7. Juli gekauft worden, und die Beerdigung hatte ebenfalls am 7. Juli stattgefunden.

Ich dachte über diese neue Information nach. Es war offensichtlich, daß ich es mit Vollidioten zu tun hatte, und schon diese erste Hürde bereitete mir Probleme. Es ergab alles keinen Sinn. Wie kann jemand ein Grab kaufen und am selben Tag darin beigesetzt werden? Meine Stimmung verdüsterte sich. Das sah nach einer langwierigen Geschichte aus. Und die Sache mit den Daten war einfach lächerlich. Nadine rief ein weiteres Mal an, um zu fragen, wie so etwas möglich sein konnte, und der Friedhofsbeamte stimmte zu, es sei unmöglich. Diesmal machte sich tatsächlich jemand die Mühe, in den Unterlagen nachzusehen, wobei sich herausstellte, daß das Grab am 6. Juli gekauft worden war und das Begräbnis am darauffolgenden Tag stattfand. So ergab das einen Sinn. Der Friedhofsbeamte versprach, mir eine Fotokopie des Akteneintrags als Bestätigung zuzuschicken.

Obwohl es nützlich war, die genauen Daten zu wissen, war ich doch ein bißchen enttäuscht, denn einen Moment lang hatte ich geglaubt, wir hätten etwas sehr Verdächtiges entdeckt. Wenn Jim das Grab am Tag vor seinem »Tod« selbst gekauft hätte, dann wäre es klar gewesen, daß er vorhatte, am nächsten Tag entweder zu sterben, oder – was wahrscheinlicher schien – seinen Tod vorzutäuschen. Doch es handelte sich offensichtlich um einen Schreibfehler. Die Beerdigung war rechtlich einwandfrei gewesen, wie aus den Kopien hervorging, als sie endlich kamen. Eines war allerdings seltsam: Es handelte sich um ein Doppelgrab, aber nur Jim lag darin begraben. Pamela Courson starb 1974 und wurde in den U.S.A. beerdigt. Wozu der zusätzliche Platz? Hatte Pamela vorgehabt, sich neben Jim beisetzen zu lassen? Anstelle von Antworten tauchten neue Fragen auf. Das hatte ich nicht gewollt! Oder war es vielleicht ein gutes Zeichen? Jedenfalls kam ich nicht auf dem direkten Weg zum Ziel; aber ich stand ja auch erst am Anfang.

Bisher konnte ich also bestätigen, daß jemand oder etwas in Jim Morrisons Grab auf dem Père-Lachaise-Friedhof begraben war. Ich erinnerte mich daran, wie mein Freund Richard gesagt hatte: »Nur du, Bob, kannst sowas bringen – losziehen, um zu beweisen, daß einer wirklich tot ist.« Ich fühlte leise Zweifel in mir aufsteigen und hoffte, daß ich mich nicht lächerlich machen würde. Ich wußte, daß ich der Sache nur in Paris wirklich auf den Grund gehen konnte, der nächste Schritt mußte also dorthin gehen. Da ich so gut wie kein Französisch spreche, nahm ich Nadine als Übersetzerin mit. Jetzt steckte ich voll und ganz in meinen Ermittlungen drin – ich gab mein eigenes Geld für eine Detektivgeschichte aus. Jetzt mußte etwas dabei herauskommen.

Wir fuhren am 14. Januar los, mit der Hovercraft-Autofähre von Dover nach Calais; dann ging es mit dem Auto in Richtung Südosten, zur französischen Hauptstadt, während im Kassettenrecorder eine Doors-Kassette lief. Nadine hatte Zimmer im Grand Hotel Malher gebucht, einem Ein-Sterne-Hotel in der Rue Malher im vierten Arrondissement, nur ein paar Straßen von Jims alter Wohnung entfernt. Wir brauchten eine Stunde, um einen Parkplatz zu finden und uns im Hotel anzumelden. Obwohl es schon dunkel war, konnte ich nicht widerstehen und lief noch hinüber zur Rue Beautreillis, um mir das Haus anzusehen, in dem Pam und Jim gewohnt hatten. Da war es – hier hatte er gelebt, hier war er gestorben. Es war ein dunkler Januarabend, aber ich konnte das düstere Gebäude vor mir hochragen sehen, wie ein Denkmal zu Ehren seines früheren berühmten Bewohners. Wenn doch die Mauern sprechen könnten ...

Ich stand eine Weile lang da und stellte mir vor, wie das Haus wohl 1971 ausgesehen hatte, als Jim und Pam hier wohnten – in welche Richtung war Jim wohl immer gegangen, wenn er aus dem Haus kam, wo entlang, wohin? Das Restaurant gegenüber ... hatte er da gegessen? Nadine und ich liefen nur ein wenig herum, es war schon zu spät, um noch anzufangen, Fragen zu stellen.

Es bedrückte mich, den Ort zu sehen, wo Jims letzte Stunde geschlagen hatte, und zu realisieren, wie schnell die Jahre danach vergangen waren. Ich erinnerte mich an jene Tage so genau, als sei es gestern gewesen. Es ist manchmal erschreckend, wie schnell die Zeit vergeht. Es kam mir vor, als sei ich zu spät gekommen, als sei die Fährte schon erkaltet. Ich konnte mir kaum vorstellen, daß dies der Ort war, an dem man ihn tot aufgefunden hatte. An diesem Abend, nach einem guten Abendessen, beschlich mich das quälende Gefühl, daß Jim wirklich tot war, und daß meine ganzen Anstrengungen umsonst waren. Was tat ich hier eigentlich? Brachte das alles überhaupt etwas? War mein gesunder Menschenverstand getrübt durch meine Visionen von mir als dem großen Journalisten, der der Story des Jahrhunderts auf der Spur war? Aber ich war gerade erst einen Tag hier und hatte noch nicht einmal richtig angefangen. Ich riß mich zusammen. Es gab noch zu viele offene Fragen, um Jim Morrison jetzt schon in Frieden ruhen lassen zu können. Ich mußte die Sache zu Ende führen. Meine Frau Patsy und meine Kinder Sarah und Rebekah fehlten mir. Ich verbrachte eine unruhige Nacht.

Im Bett lag man wie in einer Hängematte, und der Lärm von draußen war ohrenbetäubend. Autos dröhnten durch die enge Straße, Menschen schrien und lachten, und die Straßenlampen schienen durchs Fenster und erleuchteten mein Zimmer. Irgendwann gelang es mir einzuschlafen, aber gegen fünf Uhr wachte ich wieder auf – vor meinem Fenster leuchtete ein gelbes Warnblinklicht auf, und ein Lastwagenfahrer ließ den Motor seines Wagens aufheulen. Inzwischen wurden draußen die Mülltonnen herumgeschleudert, knallten auf den Bürgersteig, und die Müllmänner stimmten mit ihrem heiseren Geschrei in den Radau ein. Während sie sich die Straße hocharbeiteten, verebbte der Lärm langsam und ging schließlich in der morgendlichen Geräuschkulisse von Paris unter; ich döste noch einmal ein.

Unsere erste Anlaufstelle nach dem Frühstück war das Polizeirevier des vierten Arrondissements in der Rue de Rivoli. Dort schickte man uns ins Rathaus gegenüber. Es war Montag früh, und die Frau am Empfang kämpfte noch mit den Nachwirkungen des Wochenendes, als wir kamen. Sie war offensichtlich nicht gerade erfreut darüber, am Montagmorgen als erstes mit uns und unseren ungewöhnlichen Fragen konfrontiert zu werden. Sie teilte uns mit, daß die Polizeiakten, sofern welche existierten, im Polizeihauptquartier auf der Ile de la Cité aufbewahrt würden.

Da wir nun schon einmal auf dem Rathaus waren, schien es sinnvoll, zu versuchen, eine Kopie der Sterbeurkunde zu bekommen. Wir sprachen mit der Leiterin des Standesamtes, von der wir erfuhren, daß sich die Dokumente tatsächlich dort befänden, daß wir sie aber nicht einsehen könnten, da sie vertraulich seien. Sie hatte das kalte, emotionslose Gesicht einer Frau, die ihre Arbeit haßt, die aber ihre noch so geringe Macht nach Kräften ausspielen wird, solange sie die Arbeit tun muß. Ich fragte sie nach der Todesursache.

»Ich weiß, woran er gestorben ist, aber ich kann es Ihnen nicht sagen«, antwortete sie. Sie lächelte nicht. Ich auch nicht. Ich hatte das deutliche Gefühl, daß sie sich über mich lustig machte. Sie hielt mir die Information, die ich brauchte, direkt unter die Nase – gerade so, daß ich nicht drankam, und ich konnte nicht das geringste dagegen ausrichten.

Nach dem Mittagessen war die Feuerwehr an der Reihe. Morrisons Wohnung lag im vierten Arrondissement, für das das elfte Regiment in der Rue de Sevigne zuständig war. Wir meldeten uns an der Rezeption am Haupteingang, sagten, daß wir ein paar Fragen hätten, und rechneten damit, wie üblich von Pontius zu Pilatus geschickt zu werden. Aber nein. Zu unserer großen Überraschung hieß es: »Oh, ja, bitte kommen Sie, Capitaine Mercier erwartet Sie.«

Wie war das möglich? Aber an der Rezeption war man sich sicher: »Doch, doch, kommen Sie nur!«, also gingen wir hinein.

Durch den Hof gelangten wir in ein ansehnliches Büro mit Steinfußboden und einem massiven Schreibtisch, an den Wänden Fotos, Feuerwehrabzeichen und Flaggen – alles sehr komfortabel. Hier saß Capitaine Mercier, der aufstand, uns die Hand gab und sagte: »Ich habe Sie erwartet.« Als wir uns vorstellten, meinte er allerdings: »Oh, ich habe Sie für jemand anderes gehalten.« Ende des Rätsels.

Wir erzählten ihm, was wir wollten, und er erklärte sich bereit, das Gespräch fortzusetzen und zu sehen, ob er uns behilflich sein konnte. Die französischen Feuerwehrleute sind unglaublich fit, durchorganisiert und einsatzbereit wie Truppen auf einem Manöver, und sie haben einen ähnlichen Respekt voreinander wie Berufssoldaten. Mercier war ziemlich groß, er trug eine blaue Jacke und hatte seine blaue Hose in die schwarzen Armeestiefel gesteckt. Er war Ende Zwanzig oder Anfang Dreißig und saß kerzengerade auf seinem Stuhl, in der beherrschten Haltung eines Militärs. Er war glattrasiert und hatte kurze schwarze Haare.

Capitaine Mercier sagte, was wir wissen wollten, sei vertraulich. Ich hatte das erwartet und stimmte zu: »Natürlich können Sie uns keine Details nennen, aber sicher können Sie uns sagen, ob Sie dort waren oder nicht.« Ich erklärte, daß ich nur herausfinden wolle, ob es damals überhaupt irgendeinen Vorfall gegeben habe, und ob die Feuerwehr dort gewesen sei oder nicht. Falls ja, so stände damit zumindest fest, daß es einen Vorfall gegeben habe, und diese Information sei doch sicher nicht vertraulich, besonders nach so langer Zeit.

Aber die entsprechenden Unterlagen waren ohnehin nicht da. Sie wurden im Hauptquartier am anderen Ende der Stadt aufbewahrt, und Mercier bezweifelte, daß man uns dort irgendeine Auskunft geben würde. »Wer ist dieser Amerikaner, nach dem Sie suchen?« fragte er dann. »Warum sind Sie hier?«

Ich drückte innerlich die Daumen und erzählte ihm, ich sei extra aus Amerika hierhergekommen, wegen der Biographie, an der ich gerade arbeitete, und ich bräuchte unbedingt seine Hilfe, denn ich wolle nicht ohne irgendein Ergebnis zurückfliegen. Ich hatte damals gar nicht vor, ein Buch zu schreiben, es schien mir einfach ein guter Vorwand.

»Wer ist dieser Mann?« fragte er noch einmal.

»Jim Morrison ... Jim Morrison von den Doors«, antwortete ich.

Seine Augen leuchteten auf. »Was? Die Doors?« Er sagte, er habe nicht gewußt, daß Morrison in Paris gestorben sei, und schon gar nicht, daß er hier auch begraben sei. Dann fing er an, Liedtitel aufzuzählen – *The End*, *L.A. Woman* ...

»Ja, genau«, sagte ich, sah ihm direkt in die Augen und nickte, als ob wir eine eigene, gemeinsame Sprache gefunden hätten – wir verstanden uns.

Er nahm den Telefonhörer in die Hand und wählte die Nummer des Hauptquartiers, um im Archiv nachzufragen.

»Ich habe zwei Leute hier, die eine Auskunft brauchen«, sagte er. »Suchen Sie die Akte heraus. Natürlich dürfen sie keine Details erfahren, aber Sie können ihnen zumindest mitteilen, ob wir dort waren oder nicht.« Er vereinbarte einen Termin für uns und teilte uns mit, daß man uns im Hauptquartier erwartete.

Das Feuerwehrhauptquartier ist ein großes, auffälliges Gebäude im siebzehnten Arrondissement. Es hat einen riesigen Innenhof, in dem Autos parken und an dessen Einfahrt ein Wachhäuschen mit einer Schranke steht, die hochgezogen wird, wenn man hinein will. An dem Tag, als wir dort waren, hockte ein armer Kerl in voller Ausrüstung auf der ausgefahrenen Leiter eines Feuerwehrautos und putzte die Fenster.

Wir mußten uns ausweisen und bekamen dann den Weg ins Archiv gezeigt, wo wir ein Formular ausfüllen und angeben mußten, welche Informationen wir benötigten. Bald kam ein Beamter, stellte sich vor und fragte uns, was genau wir wissen wollten.

Ich sagte ihm, es sei wichtig für uns zu wissen, ob auf den Notruf am 3. Juli hin ein Feuerwehreinsatz stattgefunden habe. Er antwortete sofort, daß er uns diese Auskunft nicht geben könne, da sie vertraulich sei. Ich konnte dieses Wort langsam nicht mehr hören, aber wir ließen nicht locker. Über Nadine erklärte ich, daß ich nicht an den Details des Berichts interessiert war, sondern nur eine schriftliche Bestätigung wollte, daß es tatsächlich einen Einsatz gegeben hatte, und daß er in den Akten verzeichnet war.

»Warum wollen Sie das wissen?« fragte er.

Wieder spulte ich die alte Geschichte ab, daß ich für eine Biographie recherchierte, die ich schreiben wollte, usw. Das war besser als zu erzählen, ich sei freier Journalist. Ich habe die Erfahrung gemacht, daß man als freier Journalist oft abgewiesen wird, nur weil man auf keine Publikation verweisen kann und daher nicht glaubwürdig erscheint. Ich war entschlossen, es diesmal nicht soweit kommen zu lassen.

»Kein Problem«, sagte er. »Kommen Sie morgen vormittag vorbei, und wir geben Ihnen die schriftliche Bestätigung.«

Endlich kamen wir voran und konnten wenigstens klären, ob ein Feuerwehreinsatz stattgefunden hatte oder nicht. Wenn sich herausstellen sollte, daß die Feuerwehr nicht dort gewesen war, dann hätten wir allerdings etwas sehr Verdächtiges entdeckt. Wir bedankten uns und sagten, wir würden am nächsten Tag wiederkommen.

Früher am selben Tag waren wir schon in dem Gerichtsgebäude gewesen, in dem sich auch das Polizeiarchiv befindet, und hatten um ein Gespräch mit dem Pressereferenten gebeten, was aber nicht möglich war. In der Presseabteilung wurden wir aufgefordert, schriftlich zu erklären, was wir genau wollten. Nadine setzte einen Brief auf und gab ihn ab. Daraufhin hieß es, eine Antwort werde zu gegebener Zeit erfolgen, sie würden sich bei uns im Hotel melden. Ich hoffte es. Nichts als Papierkrieg bis jetzt.

Nachdem wir auf dem Feuerwehrhauptquartier gewesen waren, nahmen wir die Metro quer durch Paris zu der Wohnung, in der Jim und Pam gelebt hatten. Die Rue Beautreillis ist eine ruhige Seitenstraße im Marais, einem schönen Viertel mit großen Wohnhäusern aus dem 17. Jahrhundert, den sogenannten Hôtels, von denen die meisten zu der Zeit, als Morrison dort lebte, gerade restauriert wurden. Das Marais liegt im vierten Arrondissement, im Stadtzentrum, in der Nähe des alten Judenviertels und des ältesten Platzes von Paris, der Place Des Vosges. Es ist einer der ältesten und schönsten Stadtteile von Paris. Ich konnte gut verstehen, warum die beiden sich hier niedergelassen hatten.

Gegenüber der Hausnummer 17, auf der anderen Straßenseite, ist ein Restaurant, aber ich konnte nicht erkennen, ob es zu Jims Zeiten auch schon existiert hatte. Das Gebäude, in dem Jim gewohnt hatte, ist für Pariser Verhältnisse sehr groß, mit einer grünen Doppeltür, durch die man zu einer zweiten Doppeltür auf der anderen Seite des Flurs und dann in den Innenhof geht. Das Haus war peinlich sauber und sehr gut erhalten. Es war sicher keine billige Wohngegend, allerdings hatte ich auch nicht erwartet, daß Jim und Pam woanders als in einer luxuriösen Gegend gelebt hätten, denn zuvor hatten sie im L'Hôtel in der Rue des Beaux Arts gewohnt, einem vornehmen und exklusiven Hotel, wo sich die internationale Künstlerszene traf. Dank des Erfolgs der Doors hatte Jim keine Geldprobleme.

Rechts und links von den Türen befanden sich Gegensprechanlagen, Briefkästen und die Hausmeisterwohnung. Wir versuchten mit den Leuten zu reden, die in Jims ehemaliger Wohnung lebten, doch die sagten, sie hätten die Nase voll von Leuten wie uns.

»In den sechs Jahren, seit wir hier wohnen, sind über 300 Journalisten hierhergekommen, und wir haben genug davon, wir wollen nichts davon wissen, also gehen Sie!« bekamen wir in unmißverständlichen Worten zu hören.

Wir erzählten ihnen, wir seien auf neue Informationen gestoßen, die dieser ganzen Angelegenheit ein Ende bereiten würden, und sie würden dann nie mehr belästigt werden, aber die Frau meinte nur: »Warum glauben Sie, daß Sie anders sind als die anderen?«

»Wir würden gerne mit Ihnen sprechen«, beharrte ich. »Jede Auskunft, die wir bekommen können, hilft uns weiter.«

»Nein, kein Interesse«, antwortete sie und fügte hinzu, daß sogar schon ein Filmteam vorbeigekommen sei, nämlich das von Oliver Stone, das gerade vor Ort recherchierte, und daß sie denen das gleiche gesagt habe: Kein Interesse. Ich konnte sie verstehen, aber ich mußte es trotzdem versuchen. Vom Hausmeister erfuhr ich, daß die Leute vom Filmteam ihn um den Grundriß der Wohnung gebeten hatten, damit sie diese im Studio nachbauen konnten.

Wir liefen ein bißchen im Innenhof herum, und ich machte ein paar Bilder. Dann bemerkten wir einen älteren Herrn, der gerade seinen Briefkasten leerte. Es war offensichtlich, daß er hier wohnte, also stellten wir uns vor und erklärten, warum wir hier waren. Er war sehr entgegenkommend und erzählte, daß er zu Morrisons Zeit auch schon hier gewohnt habe, daß er sich aber an diese Zeit nicht mehr sehr gut erinnern könne.

Sein Name war Monsieur Thomas. Er war um die Sechzig und hatte graues, schütteres Haar, war wohl schon pensioniert und schien ein sehr freundlicher Mensch zu sein. Während Monsieur Thomas am Erzählen war, kam einer seiner Nachbarn vorbei, streckte unserem neuen Freund die Hand entgegen und stellte sich lächelnd als Jim Morrison vor, dann ging er weiter. Wir lachten alle und fanden das sehr amüsant, auch wenn der Scherz auf unsere Kosten ging. Hoffentlich waren die anderen Bewohner auch so umgänglich.

Monsieur Thomas erinnerte sich, daß Jim Morrison derjenige war, der in der Badewanne gestorben war.

Was fiel ihm sonst noch ein?

Er sagte, Jim und seine Freundin hätten ihre Zimmer meistens mit Kerzen erleuchtet. Monsieur Thomas' Wohnung lag ein Stockwerk über der von Morrison, auf der gegenüberliegenden Seite des Innenhofes.

Wußte er irgend etwas über Morrisons Trinkgewohnheiten?

Nein, da erinnerte er sich an gar nichts. Ich hatte gedacht, er hätte Jim vielleicht einmal nach einer seiner Sauftouren nach Hause kommen sehen, aber Monsieur Thomas meinte, Morrison sei in bezug auf sein Privatleben sehr diskret gewesen.

Wir dankten Monsieur Thomas für seine Unterstützung und fragten, ob wir ihn anrufen dürften, wenn wir noch einmal Hilfe bräuchten. Er versicherte, er würde sich freuen, von uns zu hören. Nadine und ich gingen zurück zu unserem Hotel, wo wir erfuhren, daß die Polizei für uns angerufen hatte, aber es war zu spät, um noch zurückzurufen. Wir verschoben es auf den nächsten Tag.

Nach dem Abendessen gingen Nadine und ich wieder ins Hotel und zogen uns auf unsere Zimmer zurück. Ich wünschte mir, daß mein Bett einladender wäre, die Straßenlampen nicht so hell und die Müllmänner nicht so laut, aber diese Nacht verlief genau wie die erste – ergänzt um eine zusätzliche Wohltat in Gestalt eines Straßenreinigungswagens, der mit einem Wasserstrahl geräuschvoll die Hundehaufen wegspülte, die in Paris überall auf den Straßen und Gehwegen liegen.

Am nächsten Morgen riefen wir nach einem köstlichen Frühstück bei der Polizei an. Wie üblich wollten sie wissen, warum ich Nachforschungen über Jim Morrisons Tod anstellte. Wir erzählten ihnen von der Biographie, an der ich angeblich gerade schrieb, und daß wir gerne wüßten, ob die Polizei mit dem Fall zu tun gehabt hatte. Die Frau am Telefon versprach, später zurückzurufen.

Als nächstes stand Père Lachaise auf unserer Liste, der Friedhof, auf dem Jim Morrison beerdigt ist. Ich wollte den Friedhofsangestellten ein paar Fragen stellen.

Monsieur Braux von der Friedhofsverwaltung war mittleren Alters, hatte kurzes, mausgraues Haar und eine tiefe Stimme und war leger gekleidet. Er war nicht dagewesen, als Morrison beerdigt wurde, arbeitete aber offensichtlich schon seit langem auf dem Friedhof. Für einen Büroangestellten war er recht umgänglich, er erwartete uns und hatte sich schon ein paar Notizen gemacht.

Natürlich sagte er, daß er uns keine Fragen beantworten könne, bevor er nicht die Genehmigung dazu erhalten habe, also gab er uns ein Formular zum Ausfüllen, das er dann ins Hauptbüro faxte. Er meinte, es würde mindestens eine halbe Stunde dauern, bis eine Antwort da sei, und so gingen wir los, um uns Jims Grab anzusehen. Ich bot Monsieur Braux an, ihm meine Fragen schon im voraus zu geben, aber das wollte er nicht. Er gab mir einen Plan vom Friedhof und markierte die Stelle, wo Jims Grab war. »Sie können es gar nicht verfehlen«, sagte er, »die ganze Umgebung ist vollgeschmiert.«

Das ist sie allerdings. Im Laufe der Jahre haben es die Doors-Fans hingekriegt, daß es rund um Morrisons Grab aussieht wie in einer Seitenstraße der Bowery. Das Grab selbst ist so verunstaltet, daß man den Namen kaum noch lesen kann. Auf den ersten Blick wirkt das Grab klein im Verhältnis zu den anderen ringsum, so als ob Jims letzte Ruhestätte das Grab eines Armen wäre. Andere Gräber auf dem Friedhof sehen aus wie Gedenkstätten zu Ehren der Götter, aber der Anblick von Jims Grab ist mehr als kläglich und entspricht wahrhaftig nicht der Statur seines Inhabers. Der Grabstein steht schief, da jemand versucht hat, ihn zu stehlen, und die Ecken sind von Fans abgeschlagen worden, die ein Souvenir mitnehmen wollten. Auch die umliegenden Mausoleen sind völlig verunstaltet, und den Weg zum Grab haben die Fans »ausgeschildert«, indem sie überall ›Jim‹ und einen Pfeil in die richtige Richtung hingemalt haben.

Es ist ein erbärmliches Denkmal für den Eidechsenkönig, und es hätte von seiner Familie und seinen Erben besser instandgehalten werden sollen. Nur ein kleiner Prozentsatz des Geldes, das Jim seit seinem Tod für andere verdient hat, würde ausreichen, um das Grab in einem einigermaßen würdevollen Zustand zu erhalten.

Einige respektvollere Fans hatten Blumen auf das Grab gestellt; ein kleiner Strauß steckte in einer Bierdose. Wieder andere Fans hatten leere Whiskeyflaschen und andere Beweise ihrer Hochachtung liegen lassen. Vor Jahren hatte eine Büste von Jim den Grabstein geschmückt, aber sie war gestohlen worden und stand jetzt vermutlich bei irgendeinem Fan auf dem Kaminsims. Nach den Fotos zu urteilen, die ich gesehen habe, war Jim gut getroffen. Die ganze Zeit über, während wir da standen, hoffte ich, daß das Grab wirklich leer und die ganze Sache ein großer Bluff war; aber wenn Jim tatsächlich da unten begraben lag, dann war dies ein erbärmlicher Tribut für solch ein Talent.

Als wir ins Büro zurückkehrten, zeigte sich die französische Bürokratie mal wieder in ihrer ganzen Effizienz – kein Fax aus dem Hauptbüro war eingetroffen. Ich hatte das Gefühl, daß Monsieur Braux dies etwas peinlich war, denn er bat jetzt um die Fragen, die ich ihm sowieso gleich hatte geben wollen. Die meisten davon konnte er beantworten. Pamela hatte nur deswegen ein Doppelgrab gekauft, weil so kurzfristig kein anderes verfügbar war. Der Sarg lag fünf Meter tief unter der Erde, so daß genug Platz für einen zweiten Sarg und gegebenenfalls für die Asche von weiteren Verwandten blieb. Für den Père-Lachaise-Friedhof war das Grab eher ein Billigmodell, denn die meisten Gräber rundherum waren Mausoleen, in denen die Särge auf steinerne Borde gelegt wurden.

Während Monsieur Braux unsere Fragen ins Hauptbüro faxte, ließ Nadine ihren Blick über den Tisch zu seinen Unterlagen wandern und entdeckte dort etwas. »Pamela hat sich als Jims Cousine ausgegeben«, sagte sie.

Das war seltsam. Warum sollte sie das tun? Noch interessanter war eine Änderung, die Pamelas Anwälte 1977 vorgenommen hatten, drei Jahre nach ihrem Tod: Sie verwandelten die »Cousine« in »Ehefrau«. Die Verteilung von Jims Nachlaß war kurz vor Pams Tod geregelt worden. Nun, es war offensichtlich, daß wir den Vermerk gesehen hatten, also fragten wir geradeheraus, ob wir eine Fotokopie davon haben könnten.

»Ja«, sagte Braux, »das ist kein Problem.«

Ich bat ihn, einen Stempel auf die Kopie zu machen, um sie zu beglaubigen, was er auch tat. Ich fragte ihn, warum Pamela wohl »Cousine« geschrieben hatte, aber das wußte er nicht. Ich hatte es auch nicht erwartet. Die Leute auf dem Friedhof waren nicht wirklich an der Sache interessiert, ihnen gefiel einfach das Besondere daran, daß Morrison auf ihrem Friedhof begraben lag.

Die Akten bestätigten, daß die Grabstelle am 6. Juli gekauft worden war und das Begräbnis am nächsten Tag stattgefunden hatte. Ich wollte wissen, ob das Grab bar oder per Scheck bezahlt worden war, aber gerade als ich die letzten Worte ausgesprochen hatte und Nadine anfangen wollte zu übersetzen, tauchte hinter Monsieur Braux ein sich ausgesprochen wichtig gebärdender Monsieur Jean-Jacques Le Forestier auf, der die Antwort auf unser Fax in der Hand hielt.

»Das geht Sie nichts an«, sagte er in autoritärem Ton.

Ich hatte natürlich inzwischen einige Erfahrung mit solchen Situationen und versicherte, daß es mich nicht im geringsten interessiere, wieviel Pam bezahlt habe; ich wolle nur wissen, ob wirklich sie das Grab gekauft habe. Ich dachte, daß Jim den Scheck vielleicht unterschrieben hatte, was natürlich ein Beweis dafür gewesen wäre, daß er noch lebte.

»Natürlich war sie das. Niemand anderes hätte das übernehmen können«, ließ er uns wichtigtuerisch wissen.

Ich wandte ein, es sei doch möglich, daß der Betrag von Morrisons Konto abgebucht worden sei. Aber Monsieur Le Forestier blieb bei seiner Meinung: »Wenn jemand stirbt, dann schließt die Bank sein Konto, deshalb geht das nicht.«

Ich erklärte, daß Morrisons Tod fast eine Woche lang nicht bekannt geworden sei und es also gut sein könne, daß man es auf der Bank auch nicht gewußt habe, aber er wollte das Gespräch nicht fortsetzen. Er sagte, sie seien nur dazu berechtigt, administrative Fragen zu beantworten. Na gut, dann wiederholte ich also meine ursprüngliche Frage: Hätte irgend jemand anderes als Pam das Grab kaufen können?

Er verneinte das noch einmal, aber dann wandte er sich zu seinen Angestellten um und fragte eine der jungen Frauen, was sie dachte. Zögernd äußerte sie die Ansicht, daß auch jemand anderes das Grab hätte kaufen können – woraufhin Monsieur Jean-Jacques Le Forestier kopfschüttelnd und leise vor sich hin murmelnd den Raum verließ. Monsieur Braux versprach, er werde die nötigen Unterlagen besorgen und mir in der nächsten Woche die Kopien schicken, aber er benötige trotzdem noch einen Brief von uns, in dem wir um die entsprechende Auskunft bäten. Diesen Brief schrieben wir auf der Stelle und gaben ihn ab, bevor wir gingen.

Ich wunderte mich, daß Pamela sich auf dem Formular als Jims Cousine ausgegeben hatte und daß ihre Anwälte dies Jahre nach ihrem Tod noch einmal geändert hatten. Sie mußten alles durchgesehen haben, was Pamela in Frankreich je unterschrieben hatte. Was suchten sie? Wen versuchten sie zu schützen? Pam erhielt mindestens ein Viertel der Tantiemen aus den Plattenverkäufen der Doors, ganz zu schweigen von Jims Anteil an den Einkünften aus den Urheberrechten, was zusammen einen fantastischen Betrag ergab.

Unser nächster Termin war der am Vortag vereinbarte im Feuerwehrhauptquartier. Der Beamte an der Rezeption erkannte uns und ließ uns durch. Bald unterhielten wir uns mit Lieutenant Colonel Galeraud. Wenn ich mich nicht täuschte, war er ein ganz hohes Tier dort. Er war von mittlerer Größe und Statur und bis auf einen dunklen Haarkranz kahl. Er schien wohlwollend und verstand Englisch, sprach es allerdings nicht; wenn ich etwas fragte, antwortete er schon, bevor Nadine Zeit gehabt hatte zu übersetzen. Er hörte sich sehr konzentriert und aufmerksam an, was wir zu sagen hatten, war ausgesprochen höflich, sehr herzlich und versprach zu tun, was er konnte – allerdings nur im Rahmen der Vorschriften.

Er überreichte mir ein Bestätigungsschreiben: »Ich habe die Ehre, Ihnen mitzuteilen, daß die Feuerwehr am 3. Juli 1971 am betreffenden Ort im Einsatz war.« Er bestätigte außerdem, daß die Feuerwehrleute in der Wohnung von Jim und Pam eine Leiche vorgefunden hatten, die mit dem Kopf über Wasser in der Badewanne lag.

Das war nicht unbedingt das, was ich hören wollte. Das Geheimnis löste sich langsam auf. Täuschten mich meine Augen und Ohren? War dies das Ende? Aus Höflichkeit und um seine Bemühungen zu würdigen rang ich mir ein schwaches Lächeln ab, doch meine Stimmung sank. Er berichtete weiter, daß Pamela anwesend gewesen sei und ein Nachbar ihr bei der Verständigung mit den Feuerwehrleuten geholfen habe. Lieutenant Colonel Galeraud sagte, er gebe uns diese Auskunft aus reiner Gefälligkeit, mehr dürfe er jedoch nicht sagen.

Daraufhin zeigten wir ihm einen Ausschnitt aus dem Buch *No One Here Gets Out Alive*, der gemeinhin als die »offizielle« Erklärung der Geschehnisse an jenem verhängnisvollen Morgen im Jahr 1971 angesehen wird. Kurz zusammengefaßt lautet diese Erklärung folgendermaßen:

Pam und Jim waren alleine in ihrer Wohnung (es war irgendwann nach Mitternacht, am Samstag, dem 3. Juli 1971), und Jim erbrach etwas Blut. Pam zufolge hatte er das schon öfter getan, so daß sie zwar besorgt, aber nicht ernsthaft beunruhigt war. Jim versicherte, er sei schon okay, er würde jetzt ein Bad nehmen. Pamela schlief wieder ein. Um fünf Uhr wachte sie auf, sah, daß er nicht ins Bett zurückgekommen war, ging ins Bad und fand ihn in der Badewanne – seine Arme seitlich auf den Wannenrändern, den Kopf nach hinten gelehnt, so daß das lange nasse Haar am Wannenrand klebte, und im glattrasierten Gesicht ein jungenhaftes Lächeln. Zuerst dachte Pam, das sei einer seiner makaberen Witze, aber dann rief sie den Rettungsdienst der Feuerwehr. Auch ein Arzt und die Polizei kamen noch, wie Pamela berichtete, aber es war zu spät.

Nachdem Nadine diese Passage für Lieutenant Colonel Galeraud übersetzt hatte, fragte der sofort einen seiner Beamten um Rat und geriet dabei langsam in einen Zustand, den man wohl als paranoid bezeichnen könnte. Sein Gesicht hatte einen sorgenvollen Ausdruck angenommen.

»Was haben Sie mit dem Bestätigungsschreiben vor?« fragte er. Er befürchtete, daß ich sein Schreiben verwenden wollte, um das Buch zu widerlegen. Ich beruhigte ihn, das Buch diene uns nur als Informationsquelle. Er wollte, daß ich ihm versprach, sein Schreiben nicht zu veröffentlichen, was ich bereitwillig tat. Ich hätte alles gesagt, um dieses Schreiben zu kriegen und dann endlich dort rauszukommen. Ich fragte, ob das Buch mit dem Einsatzbericht übereinstimme? Er hielt die Akte in der Hand und sagte schließlich: »Ja.« Ich schaute sehnsüchtig auf die Akte. Ich bin sicher, es wäre eine spannende Lektüre gewesen.

Nadine und ich verließen das Gebäude und suchten eine Telefonzelle, um ein paar Anrufe nach England zu erledigen. Auf dem Weg stampfte und fluchte ich herum; Nadine muß gedacht haben, ich führe mich auf wie ein verzogenes Kind. Ich war total niedergeschlagen, kurz davor, die Sache abzublasen und mich auf den Heimweg zu machen. Es schien sinnlos, weiterzusuchen. Es war mir gelungen zu beweisen, daß die Feuerwehr tatsächlich in der Wohnung gewesen war, und eine echte Leiche gab es auch. Jim Morrisons Tod schien eine unbestreitbare Tatsache zu sein. Es mußte sich einfach um seine Leiche gehandelt haben. Es war lächerlich zu glauben, es könne trotzdem ein Bluff gewesen sein – es sei denn, Morrison hätte den ungeheuren Aufwand nicht gescheut, eine Leiche zu beschaffen, was nicht unbedingt eine leichte Aufgabe ist, schon gar nicht in einem fremden

Land, dessen Sprache man nicht beherrscht. Ich klammerte mich an den letzten Strohhalm, mit der verzweifelten Beharrlichkeit eines Mannes, der nicht glauben will, daß sein Idol tot ist. Aber so besessen war ich dann doch nicht. Der Einsatzbericht der Feuerwehr konnte unmöglich erfunden sein. Es war alles zu real – das war das Problem. Ich weiß nicht, wie Nadine darüber dachte. Vielleicht nahm sie Anteil, aber für sie war es halt doch nur ein Job. Ich fühlte mich sehr allein.

Lieutenant Colonel Galeraud hatte uns darauf hingewiesen, daß die Informationen über die genauen Umstände von Jims Tod allein auf Pamelas Aussage basierten. Eine andere Informationsquelle gab es nicht. Sie hätte sagen können, was sie wollte. Er schlug auch vor, daß wir im Institut für Rechtsmedizin nachfragen sollten, ob Morrisons Leiche für eine Obduktion dort hingebracht worden sei. Es schien sinnvoll, diesen Anregungen nachzugehen.

Ich schloß die Tür meines Hotelzimmers auf, stellte meine schwere Kameratasche ab und ließ mich rücklings auf das durchgelegene Bett fallen. Ich starrte an die Decke und raffte meine letzten Kräfte zusammen, um einen klaren Kopf zu bekommen und mich für weitere Telefongespräche in Stimmung zu bringen. Nach einer Dreiviertelstunde kam Nadine zu mir ins Zimmer und wir eröffneten die nächste Telefonrunde. Wir begannen mit dem Polizeihauptquartier, wo zwar jemand abnahm, aber dann nicht in der Lage war, uns mit der richtigen Abteilung zu verbinden. Geduld, Geduld, Geduld.

Nadine rief im Archiv des Instituts für Rechtsmedizin an und gab Jim Morrisons Daten durch: Geburtsdatum, Todesdatum, Nationalität und seine Adresse in Paris. Die Frau am Telefon sagte, sie würde in den Akten nachsehen, wir sollten am nächsten Tag noch einmal anrufen. Monsieur Thomas, Morrisons früherer Nachbar, stand auch auf unserer Liste – für den Fall, daß wir seine Erinnerung angeregt hatten und ihm noch etwas Brauchbares eingefallen war. Er freute sich, von uns zu hören. Er glaubte, daß sein Sohn Patrick sich an viel mehr erinnern könne als er selbst, und versprach, uns zurückzurufen, nachdem er mit ihm telefoniert hatte. Hilfsbereit wie er war, rief Monsieur Thomas ein Weile später zurück und gab uns die Telefonnummer seines Sohns. Wir riefen ihn sofort an.

1971 war Patrick zwölf Jahre alt, aber er wußte damals nicht, daß Jim tatsächlich im selben Haus wohnte wie er, obwohl er ein großes Poster von den Doors in seinem Zimmer hängen hatte. Er erinnerte sich an die Gerüchte und Ereignisse um Jims Tod. Ein Nachbar hatte die Polizei gerufen, weil es im Treppenhaus übel roch; die Quelle des Gestanks war Morrisons Wohnung. Die Polizei drang in die Wohnung ein und entdeckte Morrison tot im Bad. Auf dem Fußboden lagen Kerzen und Flaschen herum. Er war schon ein paar Tage tot, und es war heißes Juliwetter.

Patrick sagte, er würde mit anderen Hausbewohnern sprechen, um zu überprüfen, ob er die Geschichte richtig in Erinnerung hatte; er würde uns schreiben, was er herausgefunden hatte. Nadine dankte ihm und legte den

Hörer auf. Es wurde still im Zimmer. Ich starrte Nadine an und sie mich. Das war ja furchtbar. Und bizarr! Vor allem war es unglaublich traurig – wenn die Geschichte stimmte, dann war Morrison alleine gestorben. Pamela war irgendwohin verschwunden, und als sie wiederkam, war er tot.

Aber die Geschichte war nicht schlüssig, denn die Daten stimmten nicht mit dem offiziellen Bericht überein. Morrison war am 2. Juli zuletzt lebend gesehen worden, und sein Tod wurde am 3. Juli amtlich registriert. Auch der Feuerwehrbericht nannte den 3. Juli als Todesdatum. Was hatte das also zu bedeuten? Ich wußte, daß Morrisons Sarg wahrscheinlich am 6. Juli in seine Wohnung gebracht worden war, denn das war der Tag, an dem Bill Siddons, der damalige Manager der Doors, aus Los Angeles eintraf, und am nächsten Tag fand die Beerdigung statt. Irgend etwas stimmte hier nicht, aber was? Ich wurde immer verwirrter. Diese Version der Geschichte deutete auf eine Überdosis hin, auf einen Unfall, oder auf Mord. War dies vielleicht der Grund, warum Pamela auf dem Friedhof über ihre Beziehung zu Jim gelogen hatte? Es schien einleuchtend. Vielleicht wollte sie nicht, daß jemand erfuhr, daß sie zur Zeit von Jims Tod nicht bei ihm war, wo doch bekannt war, daß es ihm nicht gut ging. Die Geschichte war nicht mehr so einfach, wie ich gedacht hatte.

Am nächsten Morgen gingen Nadine und ich wie gewohnt zum Frühstück hinunter, aber diesmal wurden wir von dem altersschwachen Hund des Besitzers empfangen, einem räudigen Vieh mit Mundgeruch und einer ganzen Reihe anderer hündischer Gebrechen, das mit seinen triefenden Augen garantiert allen Gästen das Frühstück verleidete.

Nachdem wir gefrühstückt hatten, rief Nadine im Institut für Rechtsmedizin an. Die Frau dort teilte uns mit, daß Jim Morrisons Leiche nicht zur Obduktion zu ihnen gebracht worden sei; sie habe es im Computer überprüft. Ein weiterer Anruf brachte die Bestätigung, daß die Polizei an jenem Tag tatsächlich in die Wohnung gekommen war und daß die diesbezüglichen Akten im Gerichtsarchiv aufbewahrt wurden. Eine gerichtliche Untersuchung sei durchgeführt worden; genauere Auskunft könnten wir über das Gericht erhalten, allerdings nur auf schriftliche Anfrage hin – wie auch sonst.

Jetzt hatten wir den Beweis, daß sich die Polizei mit dem Fall befaßt hatte. Eine Akte war erstellt worden, und man hatte sogar eine gerichtliche Untersuchung durchgeführt. Hervorragend. Wir kamen voran – wenn es auch nicht so aussah, als seien wir auf dem Weg zu einem exklusiven Foto von Jim Morrison, wie er glücklich und zufrieden an einem Strand in Westafrika saß.

Der offiziellen Darstellung zufolge hatte Bill Siddons angegeben, er habe, bevor er auf Pamelas Anruf hin nach Paris kam, bei der französischen Polizei angerufen, um nachzufragen, ob die Gerüchte wahr seien, daß ein Amerikaner namens Jim Morrison am vorhergehenden Wochenende gestorben sei. Dieser Anruf fand am 5. Juli statt. Siddons berichtete, die Polizei habe nichts davon gewußt; der Tod eines Amerikaners, auf den die Beschreibung paßte, sei nicht gemeldet worden. Auch auf der amerikanischen Botschaft kam Siddons nicht weiter. Aus diesem Grund festigte sich das Gerücht, daß Jim noch lebte.

Jetzt fühlte ich mich viel besser. Ich konnte in dem sicheren Wissen nach England zurückkehren, daß die Ergebnisse unserer Nachforschungen zumindest die entsprechenden Informationen in der Presse und den diversen Morrison-Biographien widerlegten.

Doch die Ermittlungen waren noch nicht beendet. Vor der Fahrt nach Paris hatte ich eines Abends im Radio gehört, daß Oliver Stone, der Regisseur von Filmen wie *Wall Street, Platoon* und *Salvador*, demnächst mit den Dreharbeiten zu einem Film über Jim Morrisons Leben beginnen wollte. Das war einer der Gründe für mich gewesen, genau zu diesem Zeitpunkt nach Paris zu fahren. Allerdings konnte dieser bevorstehende Film von Vorteil wie von Nachteil sein. Ich mußte meine Story schnell zu Ende bringen, sonst würden Stones Assistenten meinen Entdeckungen auf die Spur kommen.

Sobald ich wieder in Cambridge war, machte ich mich ans Briefeschreiben und Faxen. Die Dreharbeiten sollten im März 1990 beginnen. Jetzt war größte Eile geboten.

Von der Spekulation zur Gewißheit

Erst am 19. Januar 1990 kam ein Päckchen mit den Kopien der Dokumente vom Père-Lachaise-Friedhof bei mir zuhause in Cambridge an. Das Päckchen enthielt die Bestattungsfreigabeurkunde, die Quittung für das Grab (die bewies, daß Pamela es gekauft hatte) und die Adresse des Bestattungsunternehmers.

Die Bestattungsurkunde enthielt unter der Rubrik ›Anmerkungen‹ einen merkwürdigen handschriftlichen Eintrag, der übersetzt »glänzende Schuhe und Regenmantel« zu bedeuten schien. Nadine überprüfte ihre Übersetzung noch einmal, aber es kam dasselbe heraus. Anscheinend hieß das, daß Jim in diesen Kleidungsstücken begraben worden war. Eigenartig. Ich überlegte, ob das vielleicht eine Botschaft von Jim Morrison gewesen sein könnte. In der irischen Folklore weisen glänzende Schuhe auf eine Verbindung zur Geisterwelt hin. Das schien zu passen, wenn man Morrisons Hintergrund und seine gelegentliche Beschäftigung mit schwarzer Magie in Betracht zog.

Ich schrieb zurück an die Friedhofsverwaltung, um herauszufinden, was es mit diesem Eintrag tatsächlich auf sich hatte – möglicherweise wies er darauf hin, daß Jim auch bei seinem Tod polierte Schuhe und einen

Regenmantel getragen hatte; da er aber in der Badewanne gestorben war, erschien mir das sehr unwahrscheinlich.

Natürlich bekamen wir keine Antwort, und schließlich mußte Nadine wieder anrufen. Sie erfuhr, daß die Notizen in der Rubrik ›Anmerkungen‹ in Wirklichkeit eine abgekürzte Beschreibung des Sargs waren: »Furnierte Eiche, mit wasserdichtem Segeltuch ausgeschlagen«. Nadine staunte. Sie sah sich das Formular noch einmal an und erkannte, was zu dem Mißverständnis geführt hatte: Manche französischen Wörter ähneln bestimmten Abkürzungen. So viel zum Thema irische Folklore.

Am 18. Januar 1990 rief ich die Anwälte der Morrisons in Los Angeles an und unterhielt mich kurz mit Mr. Manion, der sich um die Familienangelegenheiten kümmerte. Ich stellte mich in bewährter Manier vor und erzählte ihm, daß ich den Fall schon seit einiger Zeit untersuchte.

»Was meinen Sie mit ›Fall‹?« fragte er.

Ich erklärte, daß ich Nachforschungen zu Jim Morrisons letzten Tagen in Paris betrieb und daß ich ein paar seltsame Dinge entdeckt hätte, die ihn vielleicht auch interessieren würden. Ich sagte auch, daß ich nur bereit sei, diese Informationen weiterzugeben, wenn ich dafür eine Vollmacht erhalten würde, um noch mehr Dokumente einsehen zu können. Er meinte, er würde sich mit der Familie in Verbindung setzen und sie fragen, aber er bezweifle, daß sie einverstanden sein würden.

»Seine Verwandten wünschen keinerlei Öffentlichkeit in bezug auf sich selbst oder ihren Sohn«, sagte er in sachlichem Ton.

Ich fragte, ob er von irgendwelchen Polizeiakten zu Jims Tod wisse oder davon, daß Pamela eine falsche Angabe über ihre Beziehung zu Jim gemacht hatte. Ich dachte, daß er es vielleicht wüßte, und daß meine Entdeckungen dann doch nicht so einzigartig wären.

»Ich weiß nichts davon, und das ist eine ehrliche Antwort«, gab er zurück.

Auch nach dieser Antwort war es schwierig zu entscheiden, ob er über die Fakten Bescheid wußte oder nicht. Wir tauschten die üblichen Höflichkeiten aus. Ich hatte das Gefühl, daß mir dieser Telefonanruf völlig mißlungen war, daß ich womöglich sogar erpresserisch gewirkt hatte. Das wollte ich nicht, und so schrieb ich Mr. Manion noch am gleichen Abend einen Brief, um ihm genauer zu erklären, was eigentlich meine Absicht war. Ich habe immer das Problem gehabt, daß ich mich nicht richtig ausdrücken kann. Ich brauchte diese Vollmacht unbedingt. Ohne sie würde ich meine Ermittlungen vielleicht niemals abschließen können. Ich hatte genau gewußt, was ich sagen wollte, aber wie üblich war es anders herausgekommen. Ich nehme an, ich war einfach zu aufgeregt. Jedenfalls schickte ich den Brief ab.

Meine nächster Schritt war, Verbindung mit Danny Sugerman aufzunehmen, dem Co-Autor von *No One Here Gets Out Alive*. Ich hoffte, über ihn ein paar der Leute zu erreichen, die als letzte noch Kontakt zu Jim Morrison gehabt hatten. Sugerman war bei den Doors angestellt gewesen, er hatte in ihrem Büro sporadisch als eine Art inoffizieller Archivar gearbeitet, der Zeitungsausschnitte sammelte und aufklebte und für die Band Fanpost beantwortete. Später wurde er Ray Manzareks Manager, und er hat innerhalb der Doors-Hierarchie auch heute noch eine Art Managerposten inne; er kümmert sich um einen Teil der Geschäfte, insbesondere um die mit den Printmedien.

Eine der Personen, zu denen ich über Sugerman Kontakt zu bekommen hoffte, war Jonathan Dolger. Er war damals Lektor bei Simon & Schuster in New York gewesen und hatte am 2. Juli 1971 von Jim ein Telegramm erhalten, in dem es um eine Änderung des Buchumschlags für seine beiden Gedichtbände *The Lords* und *The New Creatures* ging, die gerade in einem Band neu herausgegeben werden sollten.

Ich hatte schon über zahlreiche Anrufe versucht, Dolger ausfindig zu machen, aber niemand erinnerte sich an ihn oder wußte, wo ich ihn jetzt finden konnte. Ich wollte unbedingt mit ihm sprechen. Das Telegramm war von besonderer Bedeutung, da es möglicherweise wichtige Hinweise auf Morrisons Verfassung enthielt. Vielen Darstellungen zufolge muß Jim an seinen letzten Tagen in Paris ziemlich depressiv gewesen sein. Ich hatte in Paris versucht, irgendeinen Nachweis für dieses Telegramm zu finden, aber die Akten der Post waren ausgelagert und nach fünf Jahren wahrscheinlich sowieso vernichtet worden. Ich wollte nachprüfen, ob tatsächlich Jim das Telegramm abgeschickt hatte, und nicht etwa Pamela oder noch jemand anderes.

Soweit ich wußte, waren der Filmtechniker Alan Ronay und die gefeierte Avantgarde-Filmemacherin Agnes Varda abgesehen von Pamela die letzten, die Jim lebend gesehen hatten, irgendwann um den 2. Juli herum. Ich wollte auch Bill Siddons aufspüren, um von ihm zu hören, was geschah, als er in Paris eintraf. Ich schickte Sugerman am 23. Januar ein Fax, in dem ich erklärte, wer ich war und was ich wollte.

Es war außerdem unerläßlich, mit dem Bestattungsunternehmen Kontakt aufzunehmen, denn dieses war für den Transport und die Bestattung der Leiche verantwortlich gewesen. Es mußte dort Unterlagen mit Angaben über Jims körperlichen Zustand geben, über Gewicht, Haarfarbe und die Kleidung, in der er begraben wurde.

Ich schrieb an Lieutenant Colonel Galeraud vom Hauptquartier der Pariser Feuerwehr, bat um weitere Auskünfte und berichtete, was ich in Erfahrung gebracht hatte. Ich hielt es für wahrscheinlich, daß er antworten würde, so entgegenkommend wie er uns damals in Paris empfangen hatte. Ich berichtete, daß ich seit unserem Gespräch weitere Einzelheiten herausgefunden hätte. Die Polizei habe bestätigt, daß sie sich mit dem Fall befaßt hatte, und ausführlichere Informationen angekündigt. Das Institut für Rechtsmedizin habe mitgeteilt, daß es mit dem Fall nichts zu tun gehabt habe. Daraus folgerte ich, daß keine Autopsie durchgeführt worden sei.

Ich teilte ihm auch mit, daß ich auf eine bizarre Geschichte gestoßen sei, derzufolge die Polizei wegen eines eigenartigen Geruchs gerufen worden war, der aus der Wohnung von Jim und Pam gekommen sei. »Im Juli 1971 wurde die Polizei zu Mr. Morrisons Wohnung gerufen, nachdem ein Nachbar sich über den unangenehmen Geruch beschwert hatte«, schrieb ich. »Die Polizisten bekamen keine Antwort von drinnen und entschieden sich, in die Wohnung einzudringen. Sie gingen durch die Wohnung zum Badezimmer, wo sie Mr. Morrisons Leiche in der Badewanne fanden. Er war offensichtlich schon seit einigen Tagen tot. Auf dem Boden des Badezimmers lagen Kerzen und Flaschen herum.«

Falls diese Geschichte wahr sei, könne ich nur spekulieren, was die Feuerwehr dort getan habe; ich vermutete, sie müsse der Polizei beim Eindringen in die Wohnung behilflich gewesen sein – es sei denn, der üble Geruch habe in Wirklichkeit von schwelenden Materialien hergerührt, die von den Kerzen im Bad entzündet worden seien. Da Mr. Morrison ein starker Trinker gewesen sei, habe er es nicht geschafft, aus der Badewanne aufzustehen, und so sei er an Rauchvergiftung und Sauerstoffmangel gestorben. Sein Tod sei also ein Unfall gewesen, und die Aufgabe der Feuerwehr sei es gewesen, ein Feuer zu verhindern und zu versuchen, Mr. Morrison wiederzubeleben. Das bedeute, daß er erst kurz zuvor gestorben sei und nicht mehrere Tage vorher; daß seine Frau Pamela den Notdienst alarmiert habe und nicht ein Nachbar. Diese Geschichte scheine besser mit dem offiziellen Todesdatum zusammenzupassen als die Version, die ich bei unserem Zusammentreffen in seinem Büro in Paris beschrieben hätte.

»Ich wäre Ihnen dankbar für einen Kommentar zu dieser Darstellung«, schloß ich, in der Hoffnung, noch mehr Information aus den Feuerwehrleuten herauslocken zu können – die, das muß gesagt werden, von allen, mit denen ich bisher Kontakt aufgenommen hatte, die kooperativsten gewesen waren.

Anfang März erhielt ich eine Antwort. Sie war sehr förmlich, und das Englisch stammte sichtlich von einem Mann, der es nicht gewohnt war, sich in dieser Sprache auszudrücken.

»Ich habe die Ehre, Ihnen mitzuteilen, daß der Rettungsdienst der Feuerwehr wegen einer ›Asphyxie‹ [Erstickung, A.d.Ü.] gerufen wurde, daß die Männer keine Tür einschlugen und kein Feuer zu löschen hatten. Sie stellten den Tod des Opfers fest und schrieben einen wahrheitsgetreuen Bericht, der mit dem Buch übereinstimmt, welches Sie mir bei Ihrem Besuch gezeigt haben. Der Rettungstrupp wurde um 9.21 Uhr benachrichtigt, war um 9.24 Uhr da und verließ den Schauplatz um 9.47 Uhr wieder.«

Also war die offizielle Geschichte wieder verkehrt. Die Uhrzeiten stimmten nicht überein: 9.24 Uhr statt 5.00 Uhr. Dies stellte nun die Angabe auf der Sterbeurkunde in Frage, derzufolge der Tod um 5.00 Uhr eingetreten war. Vielleicht war dieser Zeitpunkt nur eine Schätzung des Arztes gewesen. Das mußte ich überprüfen. Hatte Pamela vielleicht auch hier gelogen? Das Problem war, daß ich diese Frage nicht mit Lieutenant Colonel Galeraud besprechen konnte, denn falls es hier wirklich eine Diskrepanz gab, würde die Feurwehr der Sache womöglich intern nachgehen und mir damit eine wichtige Informationsquelle nehmen. Ich brauchte eine neue Quelle, also schrieb ich an den Pariser Gerichtshof und gab vor, ein Journalist zu sein, der nur Fakten überprüfen will.

Außerdem schrieb ich an das Bestattungsunternehmen, den Service Municipal des Pompes Funèbres, und fragte, ob sie irgendwelche Akten zu Jim Morrison hätten; es mußte Unterlagen bezüglich der Aufbahrung und Beisetzung der Leiche geben. Ich wollte wissen, wann Pamela das Beerdigungsinstitut von Jims Tod unterrichtet und wer die Leistungen bezahlt hatte. Ich hatte immer noch die Möglichkeit im Auge, daß alles ein großer Bluff war. Die Akten des Bestattungsunternehmens konnten beweisen, daß die Leiche, die für die Beerdigung hergerichtet wurde, wirklich die von Morrison und nicht die einer anderen Person war. Die Leiche mußte aus der Wohnung abgeholt, in die Leichenhalle gebracht und dort aufgebahrt werden. Ich bat um eine Beschreibung der Leiche: Haarfarbe, Gewicht und sonstiger Zustand. Der Zustand der Leiche war besonders wichtig, da er die Geschichte von Monsieur Thomas' Sohn bestätigen oder aber widerlegen würde, daß Morrison mehrere Tage lang tot in der Badewanne gelegen hatte und schon am Verwesen war, was dann zu dem unangenehmen Geruch aus der Wohnung geführt hatte. War der Sarg vielleicht aus diesem Grund versiegelt worden? Was für eine Art von Sarg war es? Schließlich wollte ich wissen, wie das Begräbnis abgelaufen war und ob ich Kopien der Unterlagen bekommen könnte.

Jetzt war eine Reihe von Briefen und Faxen unterwegs, die, wie ich hoffte, eine Menge neuer Informationen bringen würden. Ich mußte die Ermittlungen in Gang halten. Würde es jemals konkretes Beweismaterial geben, das belegte, was wirklich mit Jim Morrison geschehen war? Das konnte noch Jahre dauern ... – hoffentlich nicht!

Am 10. Februar erhielt ich einen Anruf von einer Mitarbeiterin der Agentur, von der aus ich immer faxte (zu horrenden Preisen). Sie teilte mir mit, daß gerade ein Fax aus den U.S.A. für mich angekommen sei, und zwar von Danny Sugerman. Das war gut.

»Was steht drin?« fragte ich.

»Tut mir leid, Mr. Seymore, aber das dürfen wir nicht sagen, bevor Sie nicht bezahlt haben«, war die Antwort.

»Ach, kommen Sie, ich bin in ein paar Minuten bei Ihnen und bezahle es!« Mit was für Leuten man es in diesem Geschäft zu tun hat ... Sie gab nach und las mir das Fax vor. Ich lachte. Sugerman hatte Humor. Ich hatte das Gefühl, als ob ich ihn schon kannte, nachdem ich *No One Here Gets Out Alive* gelesen hatte. Ich rannte zur Agentur und bezahlte die Gebühr. Seine Antwort lautete folgendermaßen:

Bob,
normalerweise antworte ich auf alle Nachfragen und Fanbriefe mit einem Formbrief. Keine Sorge – da ich aber nicht weiß, wer Du bist, kann ich Dir auch Deine Fragen nicht beantworten. Bevor ich es also tue, verrate mir folgendes:

1. *Wer zum Teufel bist Du?*
2. *Was bist Du?*
3. *Warum bist Du?*
4. *Gerade zurückgekommen woher? Paris, Amerika oder England? Falls Paris, dann will mir scheinen, es war ein überflüssiger Ausflug in Sachen Morrison, wenn Du Dich nicht mit Alan Ronay oder Agnes Varda getroffen hast. Oder auch mit Hervé Muller, wenn ich es mir recht überlege.*

Dein überheblicher Ton hat mich neugierig gemacht. Schreibt er ein Buch, frage ich mich? Einen Artikel? Oder ist er vielleicht ein Fan, ein sehr ernsthafter? Oder ist er nur Engländer? Oder ein Amerikaner, der die englische Überheblichkeit erfolgreich verinnerlicht hat?

Laß es mich wissen …

Danny

Statt zurück ins Büro ging ich nach Hause und schrieb einen Brief, den ich ihm direkt zurückfaxen wollte:

Danny,

danke für Dein Fax vom 2.10.90. Ich hatte schon gar nicht mehr mit Dir gerechnet. Schwierige Fragen, Danny.

1. *Das ist eine Frage, die ich mir schon oft gestellt habe. Ich leite eine erfolgreiche Fotoagentur für kommerzielle und industrielle Fotografie hier in Cambridge, die ich vor zehn Jahren gegründet habe. Außerdem bin ich freier Fotojournalist mit guten Referenzen, was mich zusätzlich absichert. Ich arbeite sehr engagiert und bin entschlossen, journalistische Aufklärungsarbeit zu leisten. Manchmal ist das wie der sprichwörtliche Kampf gegen Windmühlenflügel.*
2. *Ich bin ein 35 Jahre alter Amerikaner ohne angeborene gute Manieren – und froh darüber. Deswegen werde ich immer Amerikaner bleiben. Ich habe in meinem Leben in vielen Ländern gelebt und bin Ende 1971 nach England gekommen. Eine etwas langweilige Geschichte. Ich hoffe, daß ich eines Tages in die U.S.A. zurückkehren werde.*
3. *Dafür bin nicht ich verantwortlich.*
4. *Ja, kürzlich aus Paris zurückgekommen. Ich bin nicht wegen Alan Ronay oder Agnes Varda dort hingefahren, obwohl es sicher interessant wäre, mit ihnen zu sprechen. Hervé Muller ist mir nicht so wichtig. Sein Buch und dessen Inhalt sind mir bekannt – ich bevorzuge die Bilder. Ich habe die Reise gemacht, um das Geheimnis um Jims Tod aufzuklären. Meine Ermittlungen stehen kurz vor dem Abschluß, aber ich warte noch auf die Bestätigung einiger Einzelheiten. Was ich bereits zusammengetragen habe, widerlegt aber schon jetzt die bisher anerkannte Darstellung. Ich habe die entsprechenden Dokumente.*

Was die Frage nach Artikel oder Buch angeht, so ist noch alles offen, aber das Schreiben ist nicht unbedingt meine Sache. Ich weiß gute Musik und intelligente Texte zu schätzen, aber ich würde mich nicht als Fan bezeichnen. Meine »englische Überheblichkeit« tut mir leid, aber mit der Zeit wird man wohl so wie die Leute, mit denen man zusammenlebt und arbeitet.

Freundliche Grüße, Bob

Ich hatte immer noch keine Antwort von den Anwälten der Morrisons erhalten, und die Zeit wurde langsam knapp. Ich brauchte die Vollmacht von Jims Familie dringend, damit ich an die verschiedenen Dokumente der Polizei und der Feuerwehr in Paris herankam. Daß Oliver Stone einen Film über Jim Morrison herausbringen würde, in dem Jims Tod historisch falsch dargestellt wurde, wollte ich nach Möglichkeit verhindern. Falls mir das nicht gelang, wollte ich zumindest meine eigene Version der Geschichte veröffentlichen. Auf das Timing kam es an. Ich schickte Mr. Manion noch ein Fax – ohne allerdings je eine Antwort zu bekommen.

Dann versuchte ich, Danny Sugerman in Los Angeles anzurufen. Sechs Tage waren vergangen, seit ich sein Fax bekommen und meine Antwort losgeschickt hatte, und es sah allmählich so aus, als würde er nicht mehr antworten. Das Telefon klingelte.

»Hallo«, sagte eine Stimme am anderen Ende.

»Kann ich bitte mit Danny Sugerman sprechen?«

»Am Apparat«, antwortete er mit rauher, kratziger Stimme, als ob er nach einer durchqualmten Nacht aus dem Tiefschlaf gerissen worden sei.

»Wer ist dran?« fragte er.

»Hier ist Bob Seymore, ich rufe aus England an. Vielleicht erinnerst du dich, ich habe dir ein Fax geschickt?«

»Oh, ja«, sagte er mit derselben Stimme.

»Habe ich dich geweckt?« fragte ich höflich nach.

»Ja«, antwortete er.

»Wieviel Uhr ist es bei euch?« fragte ich.

»9 Uhr früh.«

»Das tut mir sehr leid«, sagte ich unterwürfig.

»Ruf mich später zurück«, knurrte er und hängte auf.

Ein paar Stunden später versuchte ich es nochmal. Er war nicht da. Ich vermutete, daß die Frau, mit der ich sprach, seine Sekretärin war. Sie sagte, ich solle dran bleiben, sie würde mich zu seinem Autotelefon durchstellen. Es war nicht gerade eine gute Verbindung, aber wir konnten uns unterhalten. Er war gerne bereit, meine Fragen zu beantworten, und entschuldigte sich, daß er nicht geantwortet hatte; er habe im Moment keine Zeit, sich an die Schreibmaschine zu setzen, da er mit neuen Büchern und seiner Mitarbeit an Oliver Stones Projekt voll ausgelastet sei. Ich fragte ihn, ob er wisse, wo Jonathan Dolger sei, aber er meinte, er habe seit ungefähr fünfzehn Jahren nichts mehr von Dolger gehört. Ich fragte nach Bill Siddons, und Danny erzählte mir, daß der jetzt David Crosbys Manager sei und ich ihn über Crosbys Plattenfirma erreichen könne.

»Hast du noch irgendwelche Informationen zu Jim Morrisons Tod?« erkundigte ich mich.

»*No One Here Gets Out Alive* hätte in bezug auf Jims Tod alle möglichen Thesen anbieten können«, sagte er. »Überdosis, war er wirklich gestorben oder nicht, und so weiter. Jim war sehr launisch. An seinem Tod können sehr viele Faktoren beteiligt gewesen sein. Wenn man an eine Verschwörungstheorie glaubt, was ich nicht tue, dann könnte man behaupten, daß beim Tod von Hendrix, Janis Joplin und dann auch Morrison vielleicht der CIA und andere Geheimdienste ihre Finger im Spiel hatten – allein deshalb, weil die drei während der sechziger Jahre Leitfiguren einer Generation waren und als solche viel Macht hatten.«

Ich fragte, ob er von irgendwelchen Polizei- und Feuerwehrberichten aus der Zeit wisse, aber er erinnerte sich an nichts. Er sagte allerdings, daß er unter Berufung auf den *Freedom of Information Act* verschiedene Dokumente zu diesem Fall eingesehen habe. Wenn Danny in solchen Dokumenten gelesen hatte, fragte ich, warum hatte er dann in keinem seiner Bücher irgendwelche Einzelheiten daraus erwähnt? Er sagte, Pamela habe ihm Dinge über Jims Tod erzählt, von denen er ihr versprochen habe, sie niemals preiszugeben.

»Sehr interessant«, sagte ich. Vielleicht würde er mir verraten, was das war?

»Um nichts in aller Welt.« Aber er schlug vor, ich sollte mir eine Ausgabe seines neuesten Buchs *Wonderland Avenue* besorgen, denn da seien Informationen zu Jim Morrison drin, die ich vielleicht gebrauchen könne. Er bat mich, ihn wissen zu lassen, zu welchem Ergebnis ich gekommen sei, sobald meine Ermittlungen abgeschlossen wären. Das Gespräch endete, ohne daß ich das Gefühl hatte, irgend etwas Neues erfahren zu haben.

Da anscheinend niemand die Absicht hatte, auf meine Briefe zu antworten, bat ich Nadine, am Nachmittag des 19. Februar in mein Büro zu kommen und ein paar Anrufe nach Paris zu machen, um nachzuhaken. Die Polizeiakte befand sich im Archiv des Gerichtshofs, doch es schien, als würde es mindestens einen Monat dauern, bis wir eine Antwort bekämen. Ich bat Nadine, den zuständigen Angestellten zu erklären, daß wir die Antwort vor dem 1. März brauchten. Das schien zu funktionieren; sie sagten, sie würden meinen Brief als DRINGEND! kennzeichnen. Der Brief wurde von einer Abteilung zur nächsten weitergereicht, und wenn man mit bestimmten Leuten sprechen wollte, dann waren sie entweder in der Mittagspause, im Urlaub oder auf einer Konferenz. Und das war in jedem Büro so, wo wir es probierten.

Monsieur Valley, der Leiter des Beerdigungsinstituts, war nicht da. Wir riefen bei der Feuerwehr an und sprachen mit Lieutenant Colonel Galeraud, um festzustellen, um wieviel Uhr der Arzt am 3. Juli 1971 in die Wohnung gekommen war. Er war nicht gerade erfreut, von mir zu hören – genauer gesagt war er etwas verärgert, daß ich ihn immer noch belästigte. Er betonte, daß er mir nur aus Gefälligkeit geholfen habe und keinerlei weitere Informationen übermitteln könne, da diese vertraulich seien. Das Gespräch nahm ein abruptes Ende.

Es dauerte einige Tage, bis ich Bill Siddons aufgespürt hatte. Ich schickte eine dringende Nachricht an seine Faxnummer. Ich war mir nicht sicher, ob die Nummer, die ich hatte, die von seinem Büro oder die von David Crosbys Plattenfirma war, aber die Nachricht würde ihn in jedem Fall erreichen. Allerdings mußte sie so formuliert sein, daß nur er sie verstehen konnte – nicht daß es irgend etwas genutzt hätte: Er antwortete nicht. Ich nehme an, er hatte die Nase voll von Leuten, die ihn zu seiner Fahrt nach Paris im Juli 1971 befragten.

Mein Faxbüro wurde reich, und ich schien nicht voranzukommen. Wenn die Lage sich nicht bald verbesserte, dann würde ich in echte Schwierigkeiten geraten – ich hatte bisher nichts Konkretes, das ich veröffentlichen konnte. Nur Stücke eines großen Puzzles. Diese Ermittlungen forderten ihren Preis und kosteten mich einen Haufen Geld, ohne jede Garantie, daß ich irgendwann wieder hereinbekommen würde, was ich jetzt ausgab.

Aber mir ging es hier nicht in erster Linie ums Geld, auch wenn mein Geschäftskonto immer mehr in die Miesen geriet und ich das übliche Problem hatte, daß Kunden nicht pünktlich bezahlten. Glücklicherweise sind die Leute auf meiner Bank sehr geduldig und verständnisvoll.

Am 23. Februar gelang es Nadine, jemanden im Bestattungsunternehmen zu erreichen. Man bestätigte ihr, mein Brief sei angekommen und solle auch beantwortet werden. Monsieur Valley, der Chef, war da und erzählte Nadine, Morrisons Leiche sei für eine Obduktion ins Institut für Rechtsmedizin gebracht worden. Ohne jeden

Zweifel. Das war unglaublich! Die Frau im Institut für Rechtsmedizin hatte mir erzählt, sie hätte unter Morrisons Namen im Computer nachgeschaut, und er sei dort überhaupt nicht registriert. Warum sollte sie lügen, außer wenn sie sich gar nicht erst die Mühe gemacht hatte nachzusehen? Das schien die wahrscheinlichste Erklärung. Monsieur Valley sagte, er würde in der folgenden Woche ohnehin zum Institut für Rechtsmedizin fahren und bei der Gelegenheit selbst Jim Morrisons Akte heraussuchen. Sollte sich herausstellen, daß Morrisons Leiche tatsächlich für eine Obduktion ins Institut gebracht worden war, dann würde damit eine weitere Lüge von Pamela aufgedeckt. Sie wurde als Zeugin der Ereignisse von 1971 allmählich unzuverlässig.

Am 26. Februar rief Nadine noch einmal bei Monsieur Valley an. Er war nach wie vor sicher, daß Morrisons Leiche zur Autopsie ins Institut für Rechtsmedizin gebracht worden war. Er hatte auch immer noch vor, zum Institut zu gehen, und versprach, am nächsten Tag zurückzurufen, wenn er mehr wußte. Er hielt sein Wort und rief zurück. Er hatte in den Akten nachgesehen: Morrisons Leiche war offenbar tatsächlich nicht obduziert worden. Pamela hatte also doch nicht gelogen. Ich folgte immer wieder falschen Spuren.

Monsieur Valley konnte uns auch bezüglich der Einzelheiten der Beerdigung weiterhelfen. Er berichtete, der Sarg sei aus furnierter Eiche gewesen und habe 1,90 gemessen, so daß er einer 1,82 bis 1,86 großen Leiche Platz bot. Er sei von einer Amerikanerin bestellt und daraufhin in Morrisons Wohnung geliefert worden, wo er bis zur Beerdigung geblieben sei. Leider konnte Monsieur Valley uns nicht sagen, wann genau der Sarg in die Wohnung gebracht wurde.

Sein Brief kam in der ersten Märzwoche und bestätigte alles, was er am Telefon gesagt hatte. Er fügte hinzu, daß das damals zuständige Bestattungsunternehmen Bigot vor vielen Jahren das Geschäft aufgegeben habe und daß die Geschäftsunterlagen nicht mehr zu finden seien. Das Begräbnis habe am 7. Juli 1971 stattgefunden, und außer dem Sarg seien noch ein Leichenwagen und vier Sargträger zur Verfügung gestellt worden, um die Leiche von der Rue Beautreillis 17 im vierten Arrondissement von Paris zum Père-Lachaise-Friedhof zu transportieren. Es sei kein Geistlicher bei der Beerdigung dabeigewesen.

Zu dieser Zeit hatte ich Danny Sugermans semi-autobiographisches Buch *Wonderland Avenue* noch nicht gelesen, das erst kurz zuvor in England herausgekommen war. Wie ich dem Buch später entnahm, wußte Jim nicht, daß Pam Heroin nahm. Es fällt schwer, das zu glauben, aber am Anfang schnupfte sie es nur; erst in der letzten Phase ihres Lebens spritzte sie das Rauschgift. Pamela Courson starb am 24. April 1974 an einer Überdosis. Sugerman beschreibt in seinem Buch, wie er einmal aus Versehen Heroin schnupfte, in der Annahme, es sei Kokain. Es brachte ihn fast um, und ohne die schnelle Reaktion von ein paar Freunden, denen es gelang, ihn wiederzubeleben, wäre er gestorben.

Vielleicht hatte Jim zufällig Pams Heroin gefunden, es für Kokain gehalten und davon geschnupft, und das hatte zu seinem Tod geführt. Vielleicht hatte Pam versucht, ihn wieder zu sich zu bringen, indem sie ihm in die Badewanne voll kaltem Wasser half. Als das nicht gelang und es offensichtlich war, daß er tot war, zog sie ihn vielleicht aus, damit es so schien, als sei er gestorben, während er ein Bad nahm. Sie wollte natürlich nicht in einem fremden Land wegen Besitz von Rauschgift festgenommen werden. Es war möglich, daß ein Arzt nicht unbedingt eine Überdosis diagnostizieren würde, sondern nur das daraus folgende Herzversagen. Pam hätte natürlich abgestritten, daß sie Drogen nahm, falls man sie gefragt hätte. Es gab kein Beweismaterial, und ihre Freunde hätten selbstverständlich versucht, sie zu schützen. Jim war tot, und nichts konnte ihn zurückbringen. Daher das verschwörerische Schweigen. Die Theorie war durchaus plausibel.

Ein paar Tage zuvor hatte Nadine Monsieur Thomas in Paris angerufen, der uns diesmal die Telefonnummer seines Nachbarn gab. Er bat uns, diesem nicht zu sagen, woher wir seinen Namen erfahren hätten. Der Nachbar war ein gewisser Monsieur A. Chastagnol; mein Brief an ihn enthielt die üblichen Informationen: Amerikanischer Journalist, der in England lebt und zum Tod von James Douglas Morrison recherchiert etc. Ich erzählte ihm, ich hätte kürzlich seine schöne Stadt besucht und dabei entdeckt, daß er womöglich ein Augenzeuge gewesen sei – ein Nachbar, der einem anderen Nachbarn in schwierigen Zeiten zur Seite stand. Ich schilderte, daß seit 1971 zahllose Geschichten und Gerüchte über Morrisons letzte Tage in Umlauf gebracht worden seien, die meisten davon Unwahrheiten oder einfach völliger Unsinn; ich wolle versuchen, endlich Klarheit zu schaffen. Ich berichtete, daß ich schon neues Beweismaterial aus offiziellen Dokumenten gewonnen hätte, das ein völlig anderes Bild entstehen lasse; daß meine Nachforschungen jedoch nur sehr langsam vorankämen. Mir sei klar, daß der 3. Juli 1971 schon lange zurückliege, dennoch wolle ich ihn darum bitten, sich so genau wie möglich zu erinnern.

Mir war klar, daß nur wenig Hoffnung auf eine Antwort von Monsieur Chastagnol bestand, aber ich mußte es einfach versuchen. Es war sehr wahrscheinlich, daß er es leid war – wie die anderen Nachbarn auch -, über Jahre hinweg von der Presse belästigt zu werden, und ich bereitete mich auf eine Enttäuschung vor. Doch drei Wochen später erhielt ich Monsieur Chastagnols Antwort, datiert auf den 20. März 1990. Ich war höchst erstaunt, als Nadine den Brief wie folgt übersetzte:

Sehr geehrter Herr,

ich fürchte, ich werde Ihnen leider keine große Hilfe sein können, da ich Monsieur J. Morrison nicht kannte, als er noch lebte. Er war ein sehr diskreter Nachbar, und ich wußte nicht, daß er berühmt war. Ich habe ihn nur am Tag seines Todes gesehen, als die Polizei kam und ich zu der Wohnung hochging, wo er gerade gestorben war. Seine Freundin war nicht da, oder zumindest nicht in dem Zimmer, das ich zusammen mit den Polizisten betrat (oder den Feuerwehrleuten, das weiß ich nicht mehr). J.

Morrison war tot, er lag auf dem Rücken neben seinem Bett und trug einen Morgenmantel (Hauskleidung). Hier erfuhr ich, daß er an einer Überdosis Rauschgift gestorben war, aber ich fühle mich nicht befugt, das zu bestätigen. Ich zog mich sehr schnell in meine eigene Wohnung zurück.
Bitte sehr. Das ist alles.

Hochachtungsvoll,
A. Chastagnol

Erstaunlich. Hier war endlich die Aussage eines Zeugen, der nichts mit den Behörden zu tun hatte und der Morrisons Leiche gesehen hatte – jemand, der am Tag von Jims Tod zur richtigen Zeit tatsächlich dort gewesen war. Was machte Morrisons Leiche angezogen auf dem Boden? Was war mit der Geschichte, daß er im Bad lag? Warum lag er nicht auf dem Bett? Wo war Pamela? Wieviel Uhr war es? Ein Dutzend neuer Fragen kamen mir in den Sinn. Es war kaum zu glauben, aber da stand es, schwarz auf weiß.

Ich konnte geradezu vor mir sehen, wie Morrison früh morgens eine Überdosis nahm und Pamela ihn entdeckte. Vielleicht war Monsieur Chastagnol der Mann, der dem Feuerwehrbericht zufolge für Pamela übersetzt hatte? Vielleicht war er es, der den Notdienst benachrichtigt hatte?

Ich war mir sicher, daß mein Zeuge noch mehr Informationen für mich hatte. Ich fand keine Erklärung für den Widerspruch zwischen seinem Brief und der Angabe der Feuerwehrleute, sie hätten die Leiche im Bad gefunden. Vielleicht hatten sie die Leiche aus dem Bad herausgeholt und aus irgendeinem unbekannten Grund auf den Boden gelegt. Warum nicht aufs Bett? Ich begann langsam, an der Glaubwürdigkeit des Feuerwehrberichts zu zweifeln, zumindest an dem bißchen, was ich davon zu Gesicht bekommen hatte. Wo führte diese Geschichte hin?

Es gab keine andere Möglichkeit, als Monsieur Chastagnol noch einmal zu schreiben, ihn um genauere Angaben zu bitten und darauf zu hoffen, daß er etwas detaillierter berichten würde. Ich war gespannt, welche neuen Entdeckungen mich diesmal erwarteten!

Am nächsten Tag rief Nadine beim Gerichtshof an, um zu erfahren, was diesmal der Grund für die Verzögerung war. Sie berichtete, in der zuständigen Abteilung des Gerichtshofes lägen 13 kopierte Textseiten aus dem Polizeibericht für mich bereit. Das war großartig. Es war viel mehr, als ich je erwartet hätte – nicht schlecht für jemanden ohne Vollmacht! Ich bekam genau das, was ich wollte. Allerdings hatte ich die leise Befürchtung, daß es sich womöglich nur um einen Stapel nutzloser Zeitungsausschnitte handelte. Doch Nadine hatte noch mehr zu berichten.

»Die Sache hat einen Haken«, sagte sie.

»Oh nein! Und zwar?« fragte ich.

»Du mußt für die Auskunft bezahlen, um die Kosten der Kopien zu decken, bevor sie sie dir schicken«, erklärte Nadine. »Sie schicken dir zuerst die Rechnung, und wenn du bezahlt hast, bekommst du die Kopien.«

»Du machst wohl Witze?« antwortete ich ungläubig. »Warum, zum Teufel, haben sie mir das nicht gleich gesagt?«

Nadine schüttelte nur den Kopf und hatte auch keine Erklärung anzubieten. Ich sah weitere Verzögerungen auf uns zukommen, aber Nadine hatte eine Idee. Sie rief noch einmal im Gerichtshof an und sagte, wir würden die Kopien von einer Mitarbeiterin bezahlen und abholen lassen. Die »Mitarbeiterin« war eine Freundin von Nadine, die auch wirklich ein paar Tage später anrief und sagte, sie habe die Dokumente. Allerdings gebe es ein kleines Problem: In Paris streike die Post.

Nadine wartete, bis meine ungläubigen Ausrufe und anschließenden Flüche verklungen waren und beruhigte mich dann: »Keine Sorge, meine Freundin schickt alles per Eilboten, und diese Abteilung ist von dem Streik nicht betroffen.«

»Uff, das war knapp!«

Die nächsten paar Tage waren schwierig. Ich wurde mit jedem Tag reizbarer und ungenießbarer, während ich morgens auf die Post wartete. Dann, am Montag, dem 2. April 1990, lag ein großer weißer Umschlag mit der Aufschrift ›Per Eilboten‹ bei meiner Post. Ich drückte den Umschlag an meine Brust und lächelte erleichtert. Ich rief Nadine an und ging dann direkt zu ihr nach Hause, um die 13 Seiten auf der Stelle übersetzen zu lassen. Es handelte sich um eine bemerkenswerte Sammlung von Dokumenten, in denen ziemlich ausführlich beschrieben wurde, wie Jim den Tag vor seinem Tod verbracht hatte, bis hin zu seiner letzten Stunde. Einige Details waren so genau beschrieben, daß ich ihn vor mir sehen konnte. Für diese kurze Zeit, während Nadine übersetzte, war Jim Morrison für mich lebendig, und ich hatte das Privileg, jede seiner Bewegungen verfolgen zu können. Ich fühlte mich wie ein heimlicher Beobachter.

Armer Jim, er war wirklich krank. Es erstaunte mich, daß niemand sich genug um ihn gekümmert hatte, um darauf zu bestehen, daß er lange vor seinem Tod ärztliche Hilfe suchte. Jim selbst war sein Gesundheitszustand offensichtlich ziemlich egal, und er war nie gern zum Arzt gegangen, aber sämtliches Beweismaterial deutete darauf hin, daß er wirklich ein sehr kranker Mann war, und für seine Freunde in Paris muß das unübersehbar gewesen sein.

Es war unglaublich. Die Existenz dieser Dokumente war immer bestritten worden, doch hier waren sie – 13 Seiten, die in einer Zeitkapsel eingeschlossen gewesen waren und die alles beschrieben. Leider mußte ich nun ohne jeden Zweifel anerkennen, daß Jim tot war. Ich hatte an dem Traum festhalten wollen, daß er noch am Leben war, daß immer noch die Chance bestand, irgendwann einmal einem sehr cleveren Mann gegenüberzustehen. Doch jetzt war dieser Traum vorbei. Da stand es. Eine unterschriebene Aussage von Jims Freundin Pamela Courson und eine von Alan Ronay.

Ich verstand einfach nicht, warum Pam und Alan immer abgestritten hatten, daß es einen Polizeibericht, einen Feuerwehrbericht und einen ärztlichen Befund gab. Ihre Aussagen waren interessant zu lesen. Ich fragte mich immer wieder, warum Pam nichts getan hatte,

CO-OP
JIM
JS
MATT K.
MORRISON
there

Steege
N.J.M.
where
ARE
THE doors
JIM
MORRISON

JAMES DOUGLAS MORRISON
1943 – 1971
ΚΑΤΑ ΤΟΝ ΔΑΙΜΟΝΑ ΕΑΥΤΟΥ

doors

MORRISON

JIM
MORRISON
1943
AMERICAN
PRAYER

THE END

bevor es zu spät war – sie hätte vielleicht Jims Leben retten können. Die Aussagen waren voller »wenn doch nur«.

Das ärztliche Gutachten hatte Dr. Max Vassille geschrieben, und es erschien mir sehr fragwürdig. Es war vage, führte Jims Tod auf natürliche Ursachen zurück und streifte seine grundsätzlichen gesundheitlichen Probleme nur oberflächlich, ohne sie genauer zu untersuchen. An Jims Tod war nichts natürlich. Man hätte eine Obduktion durchführen müssen. Später überprüfte ich beim Institut für Rechtsmedizin noch einmal schriftlich und unter Angabe aller relevanten Details, ob unter dem Namen James Douglas Morrison eine Autopsie registriert war. In dem Antwortschreiben wurde bescheinigt, daß keine Person mit diesem Namen, diesem Wohnort und diesen Lebensdaten vor oder nach dem Monat, den ich angegeben hatte, im Computer registriert sei.

Nachdem ich die Dokumente durchgelesen hatte, wunderte ich mich, daß die Behörden den Fall nicht gründlicher untersucht hatten, denn die Berichte widersprachen sich oft, und es hing sehr viel von Pamelas Aussage ab. Doch Pam ist tot, ihre Lippen sind versiegelt – und ihre Freunde erzählen auch nichts.

Amtlich dokumentiert: Jim Morrisons Tod

Die folgenden Seiten enthalten die kompletten französischen Polizeiakten zu Jim Morrisons Tod in der deutschen Übersetzung, jeweils gefolgt von kurzen Kommentaren von mir. Die Akten beweisen zweifelsfrei, daß Jim Morrison wirklich am 3. Juli 1971 in der Wohnung in Paris gestorben ist, in der er zusammen mit Pamela Courson lebte. Sie entkräften ein für allemal die wilden Geschichten – oder Hoffnungen –, daß Morrison seinen Tod nur vortäuschte, um dem Leben als Star, seiner Verhaftung oder beidem zu entkommen. Hier sind die Aufzeichnungen und Aussagen, die aus unbekannten Gründen (und von unbekannten Personen) seit 1971 unter Verschluß gehalten worden sind.

Das Dossier beginnt mit dem Bericht, den Lieutenant Alain Raisson von der Pariser Feuerwehr am 3. Juli 1971 um 14.30 Uhr der Kriminalpolizei abstattete. Am Anfang des Berichts werden der Name des Beamten, Geburtsdatum und -ort, Rang und Dienststelle in Paris aufgeführt. Danach folgt ein Protokoll seines mündlichen Berichts:

Heute morgen um 9.20 Uhr begab ich mich als Kommandant meines Löschtrupps in die Rue Beautreillis 17 (viertes Arrondissement), dritter Stock, rechte Wohnung, nachdem ein Fall von ›Asphyxie‹ gemeldet worden war. Als wir dort ankamen, öffnete uns eine junge Frau die Tür, die kein Französisch sprach und uns zum Badezimmer führte. In diesem Raum lag ein Mann in der Badewanne, völlig nackt und von schwerem Körperbau. Sein Kopf befand sich über Wasser, er war nach hinten gegen den Wannenrand gelehnt. Die Badewanne war voll Wasser, das leicht rosa eingefärbt war, und sein rechter Arm ruhte auf der Seite der Badewanne. Das Wasser war noch lauwarm, der Körper ebenso. Zusammen mit meinen Männern hob ich den Mann aus der Badewanne, legte ihn auf den Boden des Badezimmers und begann mit einer Herzmassage, ich bemerkte jedoch sogleich, daß er schon tot war und ließ ihn aufs Bett legen.

N.B.: Als ich ins Badezimmer ging, befand sich etwas Wasser auf dem Boden neben der Badewanne, und der Morgenmantel der Frau, die uns die Tür geöffnet hatte, war naß.

N.B.: Etwas Blut lief aus dem rechten Nasenloch, als wir die Leiche auf den Boden legten.

Gelesen, bestätigt und unterschrieben:

(Unterschrift) Jacques Manchez
Kriminalbeamter

(Unterschrift) Alain Raisson

Dieser Bericht stimmt mit dem Brief von der Feuerwehr überein, in dem angegeben wurde, daß der Notruf um 9.21 Uhr eingegangen war, die Feuerwehrleute um 9.24 Uhr in der Wohnung ankamen und sie um 9.47 Uhr wieder verließen. Der Begriff ›Asphyxie‹ umfaßt verschiedene Arten von Erstickung sowie Atemnot; in solchen Fällen wird auf den Notruf hin der Rettungsdienst der Feuerwehr geschickt.

Wenn Jim allerdings um 5 Uhr früh gestorben war, wie bisher angenommen, dann hätte das Badewasser meiner Ansicht nach kalt gewesen sein müssen. Im Bericht steht jedoch, daß sowohl das Wasser als auch Jims Körper lauwarm waren. Das könnte bedeuten, daß Jim sein Bad nach 5 Uhr nahm und daß sein Tod später als angenommen eintrat. Monsieur Chastagnol muß den Raum betreten haben, bevor Jims Leiche aufs Bett gelegt wurde, aber davon wird in dem Bericht nichts erwähnt. Chastagnol hielt daran fest, daß die Leiche bekleidet war.

Die Beschreibung von Pams nasser Kleidung bestätigt Pams Bericht, daß sie versucht habe, Jim aus der Badewanne herauszuholen. Sie muß dabei ziemlich viel Wasser verspritzt haben. Daß sie ihren Morgenmantel trug, deutet darauf hin, daß sie noch nicht lange aufgestanden war.

Als nächstes traf die Polizei in der Wohnung ein; es folgt der Einsatzbericht des Polizeibeamten Jacques Manchez von der Kriminalpolizei, Dienststelle Arsenal, abgegeben am 3. Juli 1971 um 9.40 Uhr:

Wir werden davon in Kenntnis gesetzt, daß der Unfallwagen der Polizei des vierten Arrondissements sich heute um 9.25 Uhr in die Rue Beautreillis 17 im vierten Arrondissement begeben hat, Treppenaufgang A, 3. Stock, rechte Wohnung. Der Mieter der Wohnung, M. Morrison, James, 28 Jahre alt, war von seiner Lebensgefährtin, Mlle Courson, Pamela, tot in der Badewanne gefunden worden.

Wir informieren den Leiter der Polizeidienststelle, der uns beauftragt, eine Untersuchung durchzuführen.

(Unterschrift) Jacques Manchez
Kriminalbeamter

Wir begeben uns in die Rue Beautreillis 17 (viertes Arrondissement), Treppenaufgang A, dritter Stock, rechte Wohnung. Am Ort treffen wir Feuerwehrleute von der Feuerwache Sevigne an sowie den Unfallwagen der Polizei des vierten Arrondissements.

Der Feuerwehrhauptmann teilt uns mit, daß er die Leiche von M. Morrison, dem Mieter der Wohnung, aus der Badewanne herausgenommen und auf das Bett im Schlafzimmer gelegt hat, nachdem er zuvor erfolglos versucht hatte, den Mann mittels einer Herzmassage wiederzubeleben.

Daraufhin begeben wir uns ins Schlafzimmer, wo wir die Leiche eines jungen, kräftig gebauten Mannes auf dem Bett liegen sehen. Er ist mit einer Tagesdecke zugedeckt, die wir wegnehmen; er liegt auf dem Rücken, völlig nackt, die Arme an der Seite. Seine Augen sind halb geschlossen und der Mund leicht geöffnet, aus dem rechten Nasenloch ist etwas Blut gesickert, das linke ist von einem Blutklumpen verstopft. Der Körper ist noch beweglich und weist keinerlei Verletzungen auf.

Wir bemerken keine Anzeichen von Unordnung in dem Raum, in dem wir uns befinden. Wir fahren mit unseren Beobachtungen fort und gehen ins Badezimmer, wo die Badewanne steht, in der M. Morrisons Leiche lag, bevor sie von den Feuerwehrleuten auf das Bett gelegt wurde. Dieser Raum ist mit dem Schlafzimmer durch einen kleinen Flur verbunden, der auch zur Küche führt. Die Badewanne befindet sich auf der linken Seite des Badezimmers, gegenüber einem Bidet; auf der rechten Seite befindet sich ein Handwaschbecken sowie ein kleines Schränkchen. Die Außenmaße der Badewanne betragen 1,50 m x 65 cm. In der Badewanne befindet sich immer noch leicht rosafarbenes Wasser; die Badewanne ist 35 cm tief, und das Wasser steht bis zu einer Höhe von 19 cm, es ist noch lauwarm. Auf dem Fußboden neben dem Schränkchen sehen wir ein orangefarbenes Gefäß, es ist leer. Wir verlassen diesen Raum und gehen ins Wohnzimmer, wo sich drei Personen aufhalten, zwei Frauen und ein Mann, alle Amerikaner; einer der anwesenden Polizeibeamten teilt uns mit, daß es sich um Mlle Pamela Courson handelt, M. Morrisons Freundin, mit der er in dieser Wohnung zusammenlebte, sowie um M. Alan Ronay, Landsmann und Freund des Paares Morrison / Courson und Mme Agnes Demy, M. Ronays Lebensgefährtin.

Als wir M. Ronay befragen, der als einziger Französisch spricht, teilt er uns mündlich mit, er habe am selben Morgen zwischen 8.30 Uhr und 9 Uhr, er erinnere sich nicht genau, in seiner Wohnung in der Rue Daguerre 86 im vierzehnten Arrondissement einen Anruf von Mlle Courson erhalten, die ihn gebeten habe, sofort zu kommen, da ihr Freund Morrison in der Badewanne ohnmächtig geworden sei und sie keinen Arzt rufen könne, weil sie kein Französisch spreche. M. Ronay sei sofort gekommen, begleitet von seiner Freundin Mme Demy, und als er seinen Freund bewußtlos in der Badewanne gesehen habe, habe er die Feuerwehr gerufen.

Über M. Ronay berichtet Mlle Courson, ihr Freund sei gegen 4 Uhr aufgestanden, um ein Bad zu nehmen, da er sich nicht gut gefühlt habe. Mlle Courson sei wieder schlafen gegangen, und als sie gegen 8.30 Uhr aufgewacht sei, habe sie bemerkt, daß ihr Freund nicht ins Bett zurückgekommen war. Sie sei daraufhin ins Bad gegangen und habe ihren Freund dort bewußtlos in der Badewanne gefunden, den Kopf über Wasser. Sie habe versucht, ihn aus der Badewanne zu heben, aber aufgrund seiner Körpergröße (1,86 m) sei es ihr nicht gelungen.

Wir fordern Mlle Courson und M. Ronay auf, zur Vernehmung auf die Polizeiwache zu kommen.

(Unterschrift) Jacques Manchez
Kriminalbeamter

Warum gab es diese Verzögerung, bevor der Notdienst benachrichtigt wurde? Es wäre praktischer gewesen, Ronay hätte gleich dort angerufen, nachdem Pam mit ihm gesprochen hatte. Ronays und Morrisons Wohnungen lagen ziemlich weit voneinander entfernt, und es konnte eine halbe Stunde oder länger dauern, von der einen Wohnung zur anderen zu gelangen. Es ist möglich, daß Jim noch am Leben war, bevor der Rettungsdienst eintraf; sollte dies der Fall gewesen sein, dann hätte die Verzögerung bei der Benachrichtigung des Rettungsdienstes zu Jims Tod beigetragen. Hatte Ronay die Leiche gesehen, bevor er die Feuerwehr rief? Wir wissen es nicht.

Die Polizei verwendete in ihrem Bericht Agnes Vardas Ehenamen Demy, daher dieser Unterschied. Der im Original verwendete Begriff ›concubine‹ [hier übersetzt als ›Lebensgefährtin‹, A.d.Ü.] wird in Frankreich als juristische Bezeichnung für eine mit ihrem Freund zusammenlebende Frau verwendet, die dieselben Rechte hat wie eine Ehefrau. Als juristischer Begriff hat das Wort nicht die abwertende Bedeutung, die im Englischen und im Deutschen damit verbunden ist.

Der 3. Juli muß ein langer, anstrengender, arbeitsreicher und ermüdender Tag für Pamela und Alan Ronay gewesen sein. Unter anderem mußten sie auf der Polizeiwache des vierten Arrondissements eine Aussage machen. Pam begann ihren Bericht um 15.40 Uhr und war erst kurz nach 18.40 Uhr damit fertig; Alan Ronay übersetzte. Es müssen drei quälende Stunden für sie gewesen sein. Die

Zeiten sind in dem Bericht genau angegeben. Pamela machte ihre Aussage vor dem Kriminalbeamten Jacques Manchez. Sie wies sich wie folgt aus: Pamela Susan Courson, geboren am 22. Dezember 1946 in Weed, California; arbeitslose Amerikanerin, wohnhaft in der Rue Beautreillis 17, viertes Arrondissement, Paris. Ihre Aussage lautet:

Ich bin M. Morrisons Freundin und lebe seit fünf Jahren mit ihm zusammen. Ich bin letzten März mit meinem Freund nach Frankreich gekommen. Während eines früheren kurzen Aufenthalts hatte ich eine Wohnung in der Rue Beautreillis 17 gemietet, im dritten Stock auf der rechten Seite. Mein Freund war Schriftsteller, aber er lebte hauptsächlich von seinem Privatvermögen.

Bevor wir in die Rue Beautreillis zogen, wohnten wir drei Wochen lang im Hôtel de Nice, in der Rue des Beaux Arts, glaube ich, und während dieser Zeit war mein Freund krank, er klagte über Atemprobleme und hatte nachts auch Hustenanfälle. Ich rief einen Arzt ins Hotel, der ihm Tabletten gegen Asthma verschrieb, aber mein Freund ging nicht gern zum Arzt und hat nie auf seine Gesundheit geachtet.

(Auf Nachfrage:) Ich weiß nicht mehr, wer der Arzt war, und ich habe das Rezept nicht aufgehoben. Während eines früheren Aufenthalts in London hatte mein Freund schon die gleichen Probleme.

Gestern abend aß ich mit meinem Freund zu Abend… ich drücke mich nicht richtig aus – ich habe gestern nicht zu Abend gegessen, mein Freund ging allein in ein Restaurant, sicher irgendwo in unserem Viertel. Als mein Freund aus dem Restaurant zurückgekommen war, gingen wir zusammen ins Kino, um den Film ›Death Valley‹ anzusehen. Das Kino liegt neben der Metrostation Le Pelletier, ich glaube es heißt Action Lafayette. Wir kamen ungefähr um 1 Uhr aus dem Kino zurück, ich spülte das Geschirr ab, und mein Freund sah sich auf dem Projektor einige Super-8-Filme an. Mein Freund sah gesund aus und wirkte sehr glücklich. Ich muß allerdings sagen, daß er nie klagte, das war nicht seine Art. Dann hörten wir uns Schallplatten an; ich muß dazu sagen, daß der Plattenspieler im Schlafzimmer steht und wir beim Musikhören beide auf dem Bett lagen. Ich glaube, wir schliefen ungefähr um 2.30 Uhr ein, aber ich kann es nicht genau sagen; der Plattenspieler stellt sich automatisch ab.

(Auf Nachfrage:) Nein, wir hatten gestern nacht keinen Geschlechtsverkehr.

Ungefähr um 3.30 Uhr – glaube ich, denn wir haben keine Uhr im Schlafzimmer, und ich habe nicht auf die Zeit geachtet – wachte ich von dem Geräusch auf, das mein Freund beim Atmen machte. Er atmete sehr laut, und ich dachte, er bekäme keine Luft. Es war sehr laut. Ich schüttelte meinen Freund und gab ihm ein paar Ohrfeigen, um ihn aufzuwecken, ich schüttelte ihn, und er wachte auf. Ich fragte ihn, was los sei; ich wollte einen Arzt rufen. Er stand auf, lief im Schlafzimmer auf und ab und sagte mir dann, er wolle ein heißes Bad nehmen. Er ging ins Badezimmer und ließ sich ein Bad ein. Als er in der Badewanne lag, rief er mich und sagte, daß ihm schlecht sei und daß er sich übergeben müsse. Auf dem Weg ins Bad nahm ich aus der Küche eine orangefarbene Schüssel mit. Er erbrach sein Essen in die Schüssel, die ich ihm hinhielt, ich glaube, es war auch Blut dabei. Ich leerte die Schüssel aus, dann übergab sich mein Freund noch einmal, diesmal nur Blut, und schließlich ein drittes Mal, nur Blutklumpen. Jedesmal leerte ich den Inhalt der Schüssel ins Waschbecken im Badezimmer und spülte die Schüssel dann aus. Mein Freund meinte, er fühle sich »komisch«, aber er sagte: »Mir ist nicht schlecht, hol keinen Arzt, es geht mir besser. Es ist vorbei!« Er schickte mich ins Bett und sagte, daß er noch fertig baden wolle und dann ins Bett nachkommen würde. Zu diesem Zeitpunkt hatte ich den Eindruck, daß es ihm besser ging, weil er sich übergeben hatte, er hatte wieder etwas Farbe bekommen. Ich ging wieder ins Bett und schlief sofort ein. Ich war beruhigt.

Ich weiß nicht, wie lange ich geschlafen habe. Ich wachte ganz plötzlich auf und sah, daß mein Freund nicht neben mir lag. Ich rannte ins Badezimmer und sah, daß mein Freund immer noch in der Badewanne lag, er schien zu schlafen; sein Kopf war gegen die Einfassung der Badewanne gelehnt, und ein bißchen Blut war ihm aus der Nase gelaufen. Ich schüttelte meinen Freund und dachte, er würde aufwachen. Ich dachte, ihm sei wieder schlecht geworden und er sei in Ohnmacht gefallen. Ich versuchte ihn aus der Badewanne herauszuholen, aber ich schaffte es nicht. Da rief ich M. Ronay an, einen Landsmann, er sollte einen Notarztwagen rufen. Er kam ungefähr eine halbe Stunde später mit seiner Freundin,

Mme Demy, und sie riefen, glaube ich, die Polizei oder die Feuerwehr.

(Auf Nachfrage:) Meine Adresse in den U.S.A.: 8216 Norton Avenue, Los Angeles, California. Es ist die Adresse meiner Schwester, normalerweise wohne ich bei ihr.

Ich werde mich mit M. Ronays Hilfe um die Beerdigung kümmern.

Da Mlle Courson kein Französisch spricht, hat M. Ronay gegengelesen, der auch für uns übersetzt hat.

Gesehen und unterschrieben:

(Unterschrift) Pamela Courson

Ich wunderte mich über Pamelas Entscheidung, Jim in Frankreich beerdigen zu lassen. Jim hatte sicher vieles abgelehnt, wofür Amerika zu dieser Zeit stand, aber andererseits hatte er angeblich auch gesagt: »Ich bin zuallererst Amerikaner, dann Kalifornier, und schließlich Einwohner von Los Angeles.«

Alan Ronay machte seine Aussage vor dem Polizeibeamten Jacques Manchez von der Kriminalpolizei um 18.50 Uhr am selben Tag, dem 3. Juli 1971, direkt nach Pamela. Zuerst gab er seine Personalien an: Geboren am 16. Juni 1933 in Neuilly (Seine), Filmtechniker, amerikanischer Staatsbürger, derzeitiger Wohnsitz: Rue Daguerre 16, Paris; sonst: 14527 Dickens Avenue, Los Angeles, California. Er erklärte:

Ich kenne M. Morrison seit 1963, er war einer meiner Freunde. M. Morrison kam mich letzten Monat, am 5. Juni, in London besuchen, als ich dort Urlaub machte. Mlle Courson begleitete ihn. Ich wußte, daß mein Freund seit einigen Jahren mit ihr zusammenlebte.

Heute morgen gegen 8.30 Uhr wachte ich auf, als Mlle Courson anrief und um Hilfe bat. Sie bat mich, sofort zu kommen; sie weinte. Sie sagte mir, ihr Freund sei bewußtlos. Ich stand auf und fuhr sofort in die Rue Beautreillis, zusammen mit meiner Freundin Mme Demy. Als wir ankamen, sah ich die Feuerwehrleute auf der Straße und fragte, was los sei, aber sie gaben mir keine Auskunft. Ich ging in die Wohnung hoch und fand dort Mlle Courson, die weinte und mir erzählte, ihr Freund sei tot.

(Auf Nachfrage:) Ich wollte die Leiche nicht sehen, aber ich weiß, daß sie bei meiner Ankunft schon auf dem Bett lag, nicht mehr in der Badewanne.

(Auf Nachfrage:) Mein Freund trank sehr viel, und er vertrug Alkohol nicht besonders gut.

(Auf Nachfrage:) Ich bin mir sicher, daß mein Freund keine Drogen nahm. Er sprach oft davon, wie dumm es von den jungen Leuten sei, Drogen zu nehmen, und betrachtete das als ein sehr großes Problem.

Ich verbrachte gestern den ganzen Nachmittag mit M. Morrison und ging ungefähr um 18 Uhr. Ich fand, daß er nicht gut aussah, und sagte ihm das auch. Er meinte, es sei alles in Ordnung. Überhaupt beschwerte er sich eigentlich nie. Ich ging gestern nachmittag mit ihm spazieren, und er erzählte mir, er sei müde. Während des Spaziergangs bekam er einen Schluckaufanfall. Ich glau-

be, der Anfall hielt ungefähr eine Stunde an. Irgendwann schloß er die Augen, und ich dachte bei mir, daß er richtig grau im Gesicht war. Er erklärte mir, daß er die Augen geschlossen hätte, um sich zu konzentrieren und den Schluckauf loszuwerden. Wir nahmen auch einige Holzscheite aus dem Hof mit in die Wohnung hoch. Meinem Freund bereitete das große Mühe, es war sehr anstrengend für ihn.

Ich werde mich zusammen mit Mlle Courson um die Vorbereitung der Beerdigung kümmern.
Gelesen, bestätigt und unterschrieben:

(Unterschrift) Jacques Manchez
Kriminalbeamter

(Unterschrift) Alan Ronay

Der Aussage des Polizeibeamten Jacques Manchez zufolge hatte Alan Ronay mündlich angegeben, er habe den Notdienst benachrichtigt, nachdem er in die Wohnung gekommen sei und Morrison in der Badewanne habe liegen sehen. Diese Angabe machte er am Morgen des 3.Juli um 9.40 Uhr. Sie steht jedoch im Widerspruch zu der Aussage, die er später auf der Polizeiwache machte, als er sagte, er habe die Leiche nicht gesehen, und die Feuerwehr sei schon in der Wohnung gewesen. Es erschien mir seltsam, daß die Polizei sich an diesem Widerspruch nicht gestört hatte – entweder hatte er die Feuerwehr benachrichtigt oder nicht.

Um 18.40 Uhr am 3. Juli 1971 stellte der Polizeibeamte Jacques Manchez schließlich das Begleitdokument zum ärztlichen Gutachten aus.

Wir vermerken, daß Dr. Max Vassille, Gerichtsarzt, der in unserem Auftrag die Leiche von M. Morrison untersucht hat, nach seiner Vereidigung ein gerichtsärztliches Gutachten vorgelegt hat, demzufolge es sich um einen natürlichen Tod durch Herzversagen handelte. In der Anlage das ärztliche Gutachten.

(Unterschrift) Jacques Manchez
Kriminalbeamter

Hiermit wird erklärt, daß die Sterbeurkunde auf dem Rathaus des vierten Arrondissements ausgestellt wurde.

(Unterschrift) Jacques Manchez
Kriminalbeamter

Hiermit erklären wir, daß wir den Verstorbenen mittels seines Reisepasses, den Mlle Pamela Courson uns gegeben hat, wie folgt identifiziert haben:

James Douglas Morrison, geboren am 8. Dezember 1943 in Florida (U.S.A.).

Der Paß wurde am 7. August 1968 ausgestellt und ist drei Jahre lang gültig.

Wir merken an, daß wir den Geburtsort des Obengenannten von Mlle Courson erfahren haben, da diese In-

formation in dem Dokument nicht enthalten ist. Wir konnten keine Auskunft über die nächsten Verwandten des Verstorbenen erhalten.

(Unterschrift) Jacques Manchez
Kriminalbeamter

Wir informieren die Oberste Staatsanwaltschaft per Telegramm, ebenso die Kriminalpolizei.

(Unterschrift) Jacques Manchez
Kriminalbeamter

Die Sache mit dem Reisepaß fand ich besonders interessant, denn Jim soll das Original seines Passes samt Brieftasche und Führerschein auf einer Fahrt nach Korsika während der zweiten Maiwoche 1971 verloren haben. Pam und er mußten damals angeblich nach Paris zurückfahren, wo Jim auf der amerikanischen Botschaft einen neuen Paß beantragen mußte. Dieser neue Paß hätte natürlich ein neues Austellungsdatum und eine neue Gültigkeitsdauer gehabt. Wenn Pamela der Polizei Jims alten Paß gegeben hatte, dann hätte ich gerne gesehen, wer auf dem Bild war. Die Person auf dem Foto und die auf dem Bett waren vielleicht identisch, aber war es Jim Morrison? Warum hatte Pam der Polizei nicht den neuen Paß gegeben? Und hatte Jim ihn überhaupt benutzt? Eine Menge neuer Fragen tauchte hier auf, um es milde auszudrücken.

Als letztes folgt das von Dr. Max Vassille erstellte ärztliche Gutachten, ein Formularvordruck, auf dem zunächst Name, Adresse und berufliche Qualifikation des Arztes genannt werden sowie die genauen rechtlichen Umstände der von ihm durchgeführten Untersuchung. Dann folgt sein Bericht:

Ich habe mich am 3. Juli 1971 um 18.00 Uhr in die Wohnung in der Rue Beautreillis 17 begeben, Treppenaufgang A, dritter Stock, rechte Seite, um die Leiche zu untersuchen, die durch die gerichtliche Untersuchung als die des genannten Morrison, James, Alter 28 Jahre, identifiziert wurde.

Ich habe festgestellt, daß die Leiche abgesehen von den üblichen Totenflecken keinerlei verdächtige Anzeichen irgendwelcher Verletzungen aufweist. Etwas Blut um die Nasenlöcher. Die Entwicklung von M. Morrisons Gesundheitszustand in der letzten Zeit kann gemäß der Beschreibung eines anwesenden Freundes folgendermaßen zusammengefaßt werden:

M. Morrison hatte seit einigen Wochen über Schmerzen in der Brust geklagt, es handelte sich offensichtlich um ein Herzleiden, das möglicherweise durch exzessives Trinken verschärft wurde. Es ist vorstellbar, daß sich diese Beschwerden durch die Veränderung der Außentemperatur bei einem Bad plötzlich verstärkten, so daß es zu einem klassischen Herzinfarkt kam, der den sofortigen Tod hervorrief.

Ich schließe aus meiner Untersuchung, daß der Tod durch Herzversagen ausgelöst wurde (natürlicher Tod).

Paris, 3. Juli 1971

(Unterschrift) Max Vassille

So war das also – ein normaler und eindeutig natürlicher Tod. Der Arzt ignorierte die Tatsache, daß Morrison innere Blutungen hatte, und ebenso Pamelas Aussage, daß Jim Blutklumpen erbrochen hatte. Er kümmerte sich auch nicht darum, daß Blut aus den Nasenlöchern gelaufen war. Ich beschloß, die Meinung eines erfahrenen Pathologen einzuholen und zu sehen, wie natürlich er diesen Tod fand.

Aus dem Polizeibericht geht hervor, daß die Polizei das Standesamt benachrichtigte und Jims Tod meldete. Die Sterbeurkunde gibt als Todeszeitpunkt eindeutig 5 Uhr an. Die Festlegung auf diese Uhrzeit basiert auf Pamela Coursons Zeugenaussage. Es handelt sich um einen geschätzten Zeitpunkt, der nicht auf medizinischen Untersuchungsergebnissen beruht. Es ist nachgewiesen, daß Jim zwischen 4 Uhr und 5 Uhr noch am Leben war. Der Arzt hat Jims Leiche erst um 18 Uhr untersucht. Soviel ich weiß, ist es nach den Bestimmungen der französischen Polizei erforderlich, daß ein Arzt aus der Nachbarschaft innerhalb von sechs Stunden die Leiche untersucht. Ich verstehe nicht, warum das nicht geschehen ist. Irgendwelche potentielle Verdächtige hätten auf Rauschgift hinweisende Spuren beseitigen und an wichtigem medizinischen Beweismaterial herumpfuschen können. Es gibt keinen Hinweis darauf, daß die Polizei irgend etwas Verdächtiges bemerkte, und es wurde keine Hausdurchsuchung durchgeführt. Der abschließende Bericht der Kriminalpolizei an die Staatsanwaltschaft macht deutlich, daß aus der Sicht der Polizei die Ermittlungen zu einem klaren Ergebnis geführt hatten und der Fall damit abgeschlossen war. Der Bericht wurde am 4. Juli 1971 von Polizeikommissar Robert Berry abgefaßt, er lautet wie folgt:

Ich erstatte hiermit Bericht über meine Ermittlungen zum Tod von Morrison, James Douglas; geboren am 8. Dezember 1943 in Clearwater (Florida, U.S.A.); amerikanischer Schriftsteller; wohnhaft: seit März 1971 in der Rue de Beautreillis 17, viertes Arrondissement, Paris, ansonsten 851a Santa Monica Blvd., Los Angeles, California 90069.

Am 3. Juli zwischen 8.30 und 9 Uhr bemerkte Mlle Pamela Courson – M. Morrisons Lebensgefährtin – daß ihr Freund, der mitten in der Nacht, wahrscheinlich gegen 4 Uhr, aufgestanden war, um ein Bad zu nehmen, nicht ins Bett zurückgekommen war. Mlle Courson ging ins Badezimmer und stellte fest, daß M. Morrison bewußtlos in der Badewanne lag, den Kopf über Wasser und an den Wannenrand gelehnt. Mlle Courson, die kein Französisch spricht, rief bei ihren Landsleuten und Freunden M. Ronay und seiner Freundin Mme Demy an, wohnhaft vorübergehend in Paris in der Rue Daguerre 86, die sofort kamen und die Feuerwehr sowie die Polzei riefen. Die Feuerwehrleute hoben M. Morrison aus der Badewanne heraus – das Wasser war noch lauwarm – und versuchten sein Herz zu massieren, ohne jeden Erfolg.

Unsere Ermittlungen ergaben, daß M. Morrison sich nachts schlecht gefühlt hatte; seiner Freundin zufolge hatte er Schwierigkeiten beim Atmen und beschloß, ein heißes Bad zu nehmen. Nach Mlle Coursons Aussage begann er sich zu übergeben, in ein Gefäß, das sie ihm hinhielt und das sie danach ausspülte. Da sie dachte, daß ihm das Erbrechen Erleichterung verschafft habe und er nach seinem Bad ins Bett zurückkehren würde, legte sie sich wieder schlafen.

Es wurde nichts Verdächtiges entdeckt, weder in der Wohnung noch an der Leiche, die keine Spuren von Schlägen, Verletzungen oder Nadeleinstichen aufwies.

Dr. Vassille führte die medizinische Untersuchung durch und kam zu dem Ergebnis, daß es sich um einen natürlichen Tod durch Herzversagen handelt, eingetreten möglicherweise aufgrund der mit dem Bad einhergehenden Temperaturveränderung, die zum klassischen Herzinfarkt und damit zum sofortigen Tod geführt habe.

Es muß angemerkt werden, daß M. Ronay und Mlle Courson aufgefallen war, daß M. Morrison schon seit einigen Monaten an Atemproblemen litt und nicht gut aussah. Gegen ihren Rat hatte sich M. Morrison immer geweigert, zum Arzt zu gehen.

Anbei die Bestattungsfreigabeurkunde. Die Leiche befindet sich in der Rue Beautreillis 17. Mlle Courson und

M. Ronay möchten die nötigen Vorbereitungen für das Begräbnis übernehmen.

(Unterschrift) R. Berry
Kriminalhauptkommissar

Was die Behörden betraf, war es ein normaler natürlicher Tod. Nicht mehr, nicht weniger.

Ich glaube das nicht. Ich glaube, daß Jim ernsthafte Probleme hatte und niemand etwas unternahm, um ihm zu helfen. Meiner Meinung nach nahmen Pamela und Jims andere Freunde ihre Verantwortung nicht ausreichend wahr. Die Warnzeichen waren nicht zu übersehen. Jim war noch jung genug, um seine Gewohnheiten zu ändern und sich wieder in den Griff zu bekommen. Er wußte das – deshalb hatte er auch seine »trockenen« Zeiten.

Doch nicht nur das: Jim Morrisons Tod konnte auch durch eine Überdosis Rauschgift ausgelöst worden sein. Der Gerichtsarzt hatte Jim nicht gründlich untersucht. Die Informationen über die genauen Umstände von Jims Tod basieren allein auf Pamela Coursons Aussage, und sie hätte gegenüber der Polizei natürlich niemals erwähnt, daß sie Heroin schnupfte und daß Jim vielleicht auch welches genommen hatte – ob versehentlich oder nicht. Ich halte ihre Aussage für fragwürdig, und ich finde, daß die polizeiliche Untersuchung nicht sorgfältig genug war.

Aus diesen Gründen beschloß ich nach der Lektüre der Polizeiakten, weiter zu recherchieren, um die immer noch offenen Fragen zu Jim Morrisons Tod aufzuklären.

The End
Fakten und Widersprüche

Mit Hilfe des Beweismaterials, das ich gesammelt hatte, seit ich in Paris gewesen war und dort die Behörden so lange belästigt hatte, bis sie bestimmte Dokumente freigegeben hatten, war es mir nun möglich, die letzten Tage von Jim Morrison zu rekonstruieren, so wie sie wirklich verlaufen sein mußten – *The End*:

Am Freitag, dem 2. Juli 1971, verließ Jim wahrscheinlich um die Mittagszeit herum seine Wohnung, um Jonathan Dolger in New York ein Telegramm zu schicken, in dem er darum bat, den Umschlag seines Gedichtbandes *The Lords And The New Creatures* zu ändern. Er wollte nicht, daß der Verlag für die Gestaltung des Umschlags sein Popstar-Image ausschlachtete; das Buch sollte ganz eigenständig als eine Sammlung neuerer Gedichte eines kürzlich entdeckten, aber ziemlich unbekannten kalifornischen Dichters auf den Markt gebracht werden, nicht als das Werk des Leadsängers der erfolgreichen Rockband The Doors. Eine kühne Hoffnung – wenn es nach dem Willen der Marketing-Abteilung ging, dann sollte auf dem Umschlag des Gedichtbandes das wild-schönste Foto von Jim zu sehen sein, das man finden konnte; am besten eine der Aufnahmen aus den berühmten Joel-Brodsky-Sessions, die Jim mit duftigem, lockigem Haar und – bis auf seine indianische Kette – nacktem Oberkörper zeigten.

Etwas später am Tag traf Jim sich mit Alan Ronay, und sie gingen spazieren. Es war Anfang Juli und ein warmer, sonniger Tag. Wahrscheinlich machten sie in verschiedenen Straßencafés halt und bummelten durch die Stadt. Alan fand, daß Jim krank und müde aussah. Jim bekam einen hartnäckigen Schluckauf, der ungefähr eine Stunde lang anhielt. Schließlich gingen sie zu Jims Wohnung zurück und nahmen beim Hinaufgehen ein paar Holzscheite aus dem Hof mit. Jim fand das Tragen anstrengend und hatte Schwierigkeiten, die Treppe bis in den dritten Stock hochzusteigen. Es ist nicht ganz klar, wann Alan an diesem Abend nach Hause ging.

Nach Pamelas Aussage ging Jim an diesem Abend allein essen, wohl zwischen 19.30 Uhr und 20 Uhr. Da er allein war, aß er vermutlich in einem Restaurant in der Nachbarschaft. Als er zurückgekommen war, gingen Pam und er ins Kino, wo sie sich um 23 Uhr die Spätvorstellung von *Death Valley* ansahen. Nach dem Film gingen sie wieder nach Hause. Es war jetzt etwa 1 Uhr früh am Samstag, dem 3. Juli. Pam ging in die Küche und spülte Geschirr, während Jim seinen Filmprojektor hervorholte und sich einen Super-8-Film anschaute, wahrscheinlich Konzertaufnahmen von den Doors, die er nach Paris mitgenommen hatte. Pam zufolge schien es Jim gutzugehen. Sie fühlten sich beide glücklich und zufrieden. Sie gingen zu Bett und ließen auf dem Plattenspieler im Schlafzimmer noch ein paar Schallplatten laufen. Sie schliefen nicht miteinander und dösten langsam ein. Es war jetzt ungefähr 2.30 Uhr.

Etwa eine Stunde später wachte Pam von einem schrecklichen, würgenden oder gurgelnden Geräusch auf, das Jim beim Atmen machte. Sie dachte einen Moment lang, daß er am Ersticken war und versuchte, ihn zu sich zu bringen, indem sie ihn schüttelte und ihm ein paarmal ins Gesicht schlug. Das wirkte, und er wachte endlich auf. Pam fragte, was los sei. Ihr erster Impuls war, einen Arzt zu rufen, es muß also ziemlich schlimm gewesen sein. Jim stand auf und ging im Schlafzimmer umher. Er fühlte sich offenbar unwohl und beschloß, ein Bad zu nehmen, da er dachte, das würde ihn erfrischen oder ihm sonst irgendwie gut tun.

Er ließ sich ein Bad ein, doch kaum saß er in der Badewanne, rief er Pamela und sagte, ihm sei schlecht und er müsse sich übergeben. Pam griff nach einer Schüssel und rannte durch den kurzen Flur ins Badezimmer. Sie kniete neben der Badewanne nieder und hielt Jim die Schüssel unters Kinn, während er sich erbrach. Pam bemerkte, daß Blut im Erbrochenen war. Sie spülte die Schüssel im Waschbecken aus, aber dann fing Jim wieder an, sich zu übergeben. Diesmal war Blut in der Schüssel. Sie leerte die Schüssel und spülte sie aus. Jim übergab sich ein drittes Mal. Diesmal war es schlimmer, und er erbrach Blutklumpen.

Pam war sehr besorgt und schlug noch einmal vor, einen Arzt zu rufen. Jim sagte, er fühle sich seltsam, er gebrauchte das Wort »bizarr«, aber ihm sei nicht mehr schlecht; er wollte nicht, daß ein Arzt kam. Er sagte zu

Pam, sie solle ins Bett gehen, er würde sein Bad noch beenden und dann ins Bett nachkommen. Pam sagte aus, sie sei beruhigt gewesen und habe den Eindruck gehabt, daß es Jim besser ging, denn er hatte wieder etwas Farbe bekommen. Sie ging wieder ins Bett und schlief sofort ein.

Später wachte sie ganz plötzlich auf, ohne jede Vorstellung, wie lange sie geschlafen hatte. Sie sah, daß Jim nicht ins Bett nachgekommen war, und rannte ins Badezimmer, wo sie ihn bewußtlos in der Badewanne fand. Etwas Blut war ihm aus der Nase gelaufen. Sie versuchte ihn wachzuschütteln, aber es war zwecklos. Dann probierte sie, ihn aus der Badewanne herauszuheben, aber er war zu schwer für sie. Voller Panik stürzte sie ans Telefon und rief Alan Ronay an.

Ronay gab in seiner Aussage vor der Polizei an, er glaube, Pam habe gegen 8.30 Uhr angerufen. Er sagte, sie habe am Telefon geweint und ihn gebeten, sofort vorbeizukommen, weil Jim bewußtlos in der Badewanne liege. Er und seine Freundin, die Filmemacherin Agnes Varda (Demy) seien, so schnell das im morgendlichen Berufsverkehr möglich war, zu Morrisons Wohnung gefahren. Die Feuerwehr erhielt um 9.21 Uhr einen Notruf und war um 9.24 Uhr in der Wohnung (die Feuerwache ist ganz in der Nähe). Dies läßt darauf schließen, daß Ronay die Feuerwehr erst anrief, als er in der Wohnung war und sah, was los war, oder aber daß Pamela ihn nicht um 8.30 Uhr, sondern erst um 9.20 Uhr anrief. In seiner ersten Aussage gab Ronay an, die Feuerwehrleute seien schon dagewesen, als er kam; in der zweiten sagte er, er habe angerufen, nachdem er Jim in der Badewanne gesehen habe.

Als die Feuerwehrmänner eintrafen, wurden sie von der verzweifelten Pamela direkt ins Badezimmer geführt. Sie hievten Jim aus der Badewanne und legten ihn auf den Boden, um sein Herz zu massieren. Es war zu spät. Als Alan Ronay und Agnes Varda ankamen, waren die Feuerwehrleute schon da, aber sie weigerten sich, irgendwelche Fragen zu beantworten. Pam war ausgesprochen erleichtert, als die beiden kamen, denn sie konnte sich nicht mit den Feuerwehrmännern verständigen, weil sie kein Französisch sprach. Nun konnte Ronay als Übersetzer einspringen. Sie sagte, Jim sei tot. Ronay wollte die Leiche nicht sehen, die zu dieser Zeit schon auf dem Bett lag – allerdings widersprach diese Angabe seiner ersten, mündlichen Aussage.

Es war inzwischen 9.25 Uhr. Jetzt kam auch die Polizei, in Begleitung eines neugierigen Nachbarn, Monsieur Chastagnol, der ein Stockwerk tiefer wohnte. Chastagnol ging hinein, um zu sehen, was los war. Er erinnert sich an eine Leiche, die auf dem Boden neben einem Bett lag. Die Leiche trug normale Hauskleidung und schien nicht naß zu sein. Chastagnol berichtet, man habe ihm gesagt, daß Morrison gerade gestorben sei, vermutlich an einer Überdosis Rauschgift. Er wollte nicht länger stören und kehrte in seine eigene Wohnung zurück.

Die Polizeibeamten begannen ihre Ermittlungen damit, daß sie sich in der Wohnung umsahen und die Leiche untersuchten. Sie befragten Pam, Alan und Agnes Varda. Bei der Untersuchung der Leiche stellten sie fest, daß die Totenstarre noch nicht eingetreten war, die Augen halb offen waren und etwas Blut aus dem linken Nasenloch gesickert war. Jims linkes Nasenloch war von einem Blutklumpen verstopft. Er war nackt, und die Polizisten bedeckten seine Leiche nach der Untersuchung mit einer Tagesdecke.

Die Feuerwehr ging um 9.47 Uhr wieder, aber die Polizeibeamten blieben und führten die Befragung fort; dann forderten sie Pamela und Ronay auf, später auf die Polizeiwache zu kommen, um offizielle Aussagen zu machen. Um 14.30 Uhr meldete die Polizei Jims Tod auf dem Standesamt; eine Sterbeurkunde und eine Bestattungsfreigabeurkunde wurden ausgestellt. Um 15.40 Uhr gingen Pam und Alan auf die Polizeiwache, um ihre Aussagen zu machen. Während sie dort waren, blieb Agnes Varda in der Wohnung, um Dr. Max Vassille hereinzulassen, der um 18 Uhr kam. Er untersuchte die Leiche und schrieb sein Gutachten. Pam, Alan und Agnes verbrachten den Abend zusammen; Pamela übernachtete vermutlich in Agnes Vardas Wohnung, wo Alan Ronay zu der Zeit auch wohnte. Jims Leiche blieb auf dem Bett in der ansonsten leeren Wohnung in der Rue Beautreillis liegen.

Am Sonntag, dem 4. Juli, wurde der Polizeibericht aufgesetzt, und es ist anzunehmen, daß Pamela und Alan sich in der Wohnung aufhielten, für den Fall, daß die Polizei noch Fragen hatte. Mit Jims Leiche im Schlafzimmer muß das ein sehr stiller und düsterer Tag gewesen sein.

Am Montag, dem 5. Juli, kursierten in der Presse die ersten Gerüchte über Jims Tod. Diese Gerüchte verbreiteten sich schnell bis nach Amerika und erreichten auch den Manager der Doors, Bill Siddons, der zunächst nicht weiter beunruhigt war, weil Gerüchte von Jims Tod schon öfter in die Welt gesetzt worden waren. Er machte einige Anrufe nach Paris, aber sowohl die Polizei als auch die amerikanische Botschaft behaupteten, nichts davon zu wissen, daß am Wochenende ein der Beschreibung entsprechender Amerikaner namens Morrison gestorben sei. Schließlich rief er Pamela an, um herauszufinden, was los war. Es heißt, sie habe ihn gebeten, sofort zu kommen. Er nahm das nächste Flugzeug nach Paris.

Inzwischen hatte das Bestattungsunternehmen den Sarg geliefert; Jims Leiche war hergerichtet und für das Begräbnis mit einem Anzug bekleidet worden. Am Dienstag, dem 6. Juli, ging Pamela auf den Père-Lachaise-Friedhof, wahrscheinlich in Begleitung von Alan Ronay, und kaufte ein Doppelgrab, da kein anderes so kurzfristig verfügbar war. Aus irgendeinem Grund erzählte sie den Beamten auf dem Friedhof, sie sei Jim Morrisons Cousine, was ihre Rechtsanwälte sechs Jahre später korrigierten. Am selben Tag traf auch Bill Siddons aus Los Angeles ein und fuhr direkt zu Pam, die ihm erzählte, daß Jim tot war. Noch mitgenommen vom Jet-lag, voller Sorge und Trauer um den Tod seines Freundes, betrachtete Bill den Sarg und bekam die Sterbeurkunde gezeigt. Weder hat er Jims Leiche gesehen, noch bat er darum, sie sehen zu dürfen.

Am Mittwoch, dem 7. Juli, um 9 Uhr kam ein Leichenwagen mit vier Sargträgern, die den Sarg abholten und ihn zur Beerdigung auf den Père-Lachaise-Friedhof brachten. Der Sarg wurde in die Grube hinuntergelassen, und ein paar Worte wurden dazu gesprochen. Es war kein Geistlicher anwesend. Jim wurde beerdigt. Die einzigen Trauergäste waren Pam, Bill Siddons, Alan Ronay, Agnes Varda und Robin Wertle, eine andere Freundin. Von Jims Familie war niemand da, die anderen Doors-Mitglieder waren nicht anwesend, und es kamen auch keine Fans, die die Anwesenden in ihrer Trauer gestört hätten.

Ob Jims Familie zu diesem Zeitpunkt von seinem Tod wußte, wissen wir nicht, aber es ist nicht sehr wahrscheinlich, denn 1971 hatte Jim schon seit längerem kaum noch Kontakt zu seiner Familie gehabt, und das galt wohl auch für seine Freunde und Bekannten.

Den nächsten Tag, Donnerstag, den 8. Juli, verbrachten Bill und Pam damit, Jims Sachen durchzusehen und selbst für ihre Rückkehr in die Staaten zu packen. Erst bei ihrer Ankunft in Los Angeles am Freitag, dem 9. Juli, wurde die Presse offiziell benachrichtigt. In einer Pressemitteilung, die das Datum des vorangegangenen Tages trug, an dem sie vermutlich auch geschrieben worden war, wurde der Welt bekanntgegeben, daß Jim Morrison tot war – und schon begraben. Diese Mitteilung erfolge erst jetzt … »weil diejenigen, die ihm nahestanden und ihn als Menschen liebten, dem öffentlichen Spektakel und der Zirkusatmosphäre entgehen wollten, die auf den Tod von Janis Joplin und Jimi Hendrix folgten.«

Dies war also die ganze Geschichte, aber ich glaubte sie immer noch nicht – zumindest nicht alles. Für meine Begriffe gab es immer noch zu viele Widersprüche in den Zeugenaussagen, also setzte ich meine Ermittlungen fort.

Ende März schrieb ich Monsieur Chastagnol noch einmal. Ich mußte sichergehen, daß seine Beschreibung der Szene, die er damals am 3. Juli 1971 gesehen hatte, nicht auf einem Irrtum beruhte. Er hatte mir erzählt, er habe Jim Morrison tot auf dem Boden liegen sehen, am Fußende seines Bettes, voll bekleidet, und man habe ihm gesagt, daß der Tote möglicherweise an einer Überdosis Drogen gestorben sei. Dies wurde in keinem der offiziellen Dokumente erwähnt, die ich hatte einsehen können. Seine Aussage widersprach der polizeilichen Darstellung des Vorfalls. Hatte die Polizei gelogen? Was für ein Motiv hätte sie dafür haben können? Der Feuerwehrbericht stimmte mit dem Polizeibericht überein. War es möglich, daß alle Beteiligten sich verschworen hatten und die Wahrheit vertuschten? Und wenn ja, aus welchem Grund?

Vielleicht hatte man tatsächlich den Verdacht gehabt, daß Drogen im Spiel waren, fürchtete aber, daß diese Information zu unerwünschter Öffentlichkeit führen und die Aufmerksamkeit darauf lenken könnte, daß man auch in Paris Heroin bekommen konnte, daß das also nicht nur ein amerikanisches Problem war. Da sowohl Pamela als auch Alan ausländische Staatsbürger waren und zumindest Pamela das Land verlassen würde, hielt man es vielleicht für klüger, die Sache auf sich beruhen zu lassen. Wenn Morrison Heroin genommen hatte, dann sollte das nicht auch noch an die große Glocke gehängt werden, denn das könnte junge Leute in Frankreich womöglich auf die Idee bringen, es auch einmal zu versuchen. Falls er auf diese Weise gestorben war, dann hatte er einen genügend hohen Preis dafür bezahlt, daß er gegen das Gesetz verstoßen hatte. Diente Jim Morrison also als »Opferlamm«? All das war pure Spekulation, aber ich hatte das Gefühl, ich war gar nicht so weit von der Wahrheit entfernt. Ich mußte sicher sein, daß Monsieur Chastagnol Jims Tod nicht mit dem eines anderen Mieters verwechselte, so unwahrscheinlich das auch war. Ich setzte eine neue Liste mit Fragen auf, schickte den Brief ab und hoffte auf neue Überraschungen.

Monsieur Chastagnol antwortete am 3. April und hielt an seiner Version der Ereignisse fest:

(...)Die Polizeibeamten baten mich nicht, mit ihnen hoch zu gehen. Ich ging zufällig zur gleichen Zeit wie sie die Treppe hoch. Ich folgte ihnen und betrat hinter ihnen die Wohnung, ohne etwas zu sagen. Es müssen drei Polizisten gewesen sein. Ich blieb nur ungefähr zwei Minuten. Die Leiche lag ausgestreckt auf dem Boden, am Fußende des Bettes, war nicht naß und trug Hauskleidung – nicht daß ich darauf besonders geachtet hätte – es ging alles sehr schnell.
Wieviel Uhr mag es gewesen sein? Wahrscheinlich 9 Uhr oder 9.30 Uhr. Das muß nicht heißen, daß er nicht in der Badewanne gestorben ist – das weiß ich nicht. Aber falls es so war, dann würde das bedeuten, daß jemand die

Leiche abgetrocknet und angezogen hat, bevor die Polizei kam.

Der Bericht wirkte durchaus überzeugend. Hier lag Jim also angezogen auf dem Boden, während er im Polizeibericht nackt war, aber mit einer Tagesdecke zugedeckt.

Glücklicherweise wohnt der Pathologe Prof. Austin Gresham in Cambridge, er ist Professor für Pathologie im John-Bonnet-Labor der Addenbrooke-Klinik. Gresham gilt landesweit als Kapazität auf seinem Gebiet, und er wird oft herangezogen, wenn es Todesfälle aus unbekannten Ursachen aufzuklären gilt. Ich rief ihn an und erläuterte mein Problem. Er bat mich, ihm den Fall schriftlich darzustellen, also schickte ich ihm am 24. April sämtliche Informationen, die ich zu Morrisons Tod hatte, einschließlich der Fotokopien und Übersetzungen der Polizeiberichte. Seine Antwort war kurz und deutlich:

Sehr geehrter Herr Seymore,

es ist wahrscheinlich, daß das Blut, das Morrison aus Mund und Nase lief, von einem Magengeschwür stammte. Dies wie auch der plötzliche Tod, beides Folge der Freisetzung von Katecholaminen, sind typische Symptome für Kokainabhängigkeit (besonders Crack).

Mit freundlichen Grüßen,
G.A. Gresham

Das kam – gelinde gesagt – unerwartet. Ich las den Brief noch einmal. Jim hatte also ein Magengeschwür. Das erklärte vieles. Und es paßte. Jim hatte nie auf seine Gesundheit geachtet und war seit seiner Jugend ein starker Trinker. Die Belastung durch den Miami-Prozeß, auch die Aussicht darauf, womöglich im Gefängnis zu landen, hätten ein Geschwür hervorrufen können – wenn er nicht schon eins hatte. War dies die Erklärung? Schnupfte er am Morgen seines Todes ein oder zwei Lines Kokain, was dann aufgrund seines schlechten Gesundheitszustandes und seines blutenden Magengeschwürs zu einer Schockreaktion des Körpers führte?

Prof. Gresham verwendete den Begriff Katecholaminfreisetzung. Katecholamine sind natürliche chemische Substanzen, die in den Nebennieren produziert werden; zu ihnen gehört z.B. das Adrenalin. Nach starkem Blutverlust und daraus resultierendem niedrigen Blutdruck wirken die Katecholamine kreislaufstabilisierend, um die Blutzirkulation in den lebenswichtigen Organen aufrechtzuerhalten. Wenn jemand sein Leben lang Raubbau mit seiner Gesundheit treibt, wie es Jim Morrison zweifellos getan hat, dann bleiben die Katecholamine wirkungslos, und ohne medizinische Hilfe wird der Betreffende im Ernstfall sterben. Das ist etwas verallgemeinert, aber im Prinzip stimmt es so. Das Kokain setzte, wenn ich es recht verstanden habe, die Wirksamkeit der Katecholamine herab und gab Jim den Rest.

Es ist offenbar sehr schwierig, den exakten Todeszeitpunkt eines Menschen zu bestimmen, da die Raumtemperatur, die Position der Leiche und viele andere Faktoren das Einsetzen der Totenstarre beeinflussen. Eine exakte wissenschaftliche Analyse ist nicht möglich, sondern nur eine auf Erfahrung beruhende, professionelle Schätzung. Ich zitiere aus Black's Medical Dictionary, 34. Auflage, von William A. R. Thompson:

Vier Punkte müssen beachtet werden, wenn man bestimmen will, wieviel Zeit seit Eintreten des Todes verstrichen ist.

Die Hypostase oder Kongestion zeigt sich zunächst in Form von blaugrauen Flecken, meistens auf dem Rücken, die oft fälschlicherweise für Blutergüsse gehalten werden und frühestens drei Stunden nach dem Tod auftreten. Sie entstehen, weil das Blut sich in den Blutgefäßen der untersten Körperregionen sammelt.

Das Auskühlen der Leiche beginnt sofort nach dem Eintreten des Todes, nach zwölf Stunden hat die Leiche die Lufttemperatur angenommen, was allerdings durch heißes Wetter, bei Tod durch Asphyxie sowie durch einige andere Faktoren verzögert werden kann.

Die Totenstarre oder rigor mortis beginnt nach sechs Stunden und benötigt weitere sechs Stunden, um sich voll zu entwickeln; sie hält zwölf Stunden an und klingt während der folgenden zwölf Stunden wieder ab. Sie tritt schneller ein, wenn dem Tod eine große körperliche Anstrengung vorausgegangen ist. Umgekehrt tritt sie langsam und schwächer ein, wenn der Tod auf eine lange Krankheit folgt. Bei Kindern ist sie schwach oder gar nicht ausgeprägt. Sie beginnt in den kleinen Muskeln der

Augenlider und des Kiefers und verbreitet sich von dort über den ganzen Körper.

Die Verwesung kann nach unterschiedlichen Zeiträumen einsetzen, beginnt aber üblicherweise nach zwei bis drei Tagen als grünliche Einfärbung über dem Bauchraum.

Na also – jetzt wissen wir, wie schwierig es ist, eindeutig festzustellen, wann Jim an jenem Morgen gestorben ist. Ich halte es für das Wahrscheinlichste, daß er zwischen 7 Uhr und 8.30 Uhr gestorben ist, und nicht um 5 Uhr, wie es in der offiziellen Darstellung heißt. An den Tagen vor seinem Tod hatte Jim über Kurzatmigkeit und Atemnot geklagt. Es ist anzunehmen, daß er an Anämie litt, einem Mangel an roten Blutkörperchen, der bei Blutverlust oder bei Eisenmangel aufgrund von unausgewogener Ernährung auftritt. Blutungen im Magen-Darm-Trakt, zum Beispiel aus einem Darm- oder Magengeschwür, können, wenn sie über lange Zeit anhalten, zu Anämie führen. Die Atmung wird schnell und mühsam, und der Blutdruck sinkt. Das paßt zu der Mühe, die es Jim bereitete, einen Armvoll Holzscheite in die Wohnung hochzutragen. Es klingt so, als sei Jim eine wandelnde Zeitbombe gewesen, die nur auf die passende Kombination von Faktoren wartete, um hochzugehen.

Ich schickte schließlich noch einen weiteren Brief an Lieutenant Galeraud von der Pariser Feuerwehr, zusammen mit einer Fotokopie des Briefes von Monsieur Chastagnol und der Aussage der Feuerwehrleute, und bat ihn um seine Meinung zu dem Widerspruch zwischen den beiden Berichten. Er antwortete nicht – kein Wunder...

Was mich immer noch beschäftigte, war die Tatsache, daß anscheinend zwei Pässe von Jim existierten. Ende April rief ich schließlich bei der amerikanischen Botschaft in Paris an, sprach mit Christopher English und erinnerte ihn daran, daß ich mich vor einem Jahr schon einmal mit ihm in Verbindung gesetzt hatte. Er entsann sich. Ich fragte ihn, ob in den Akten der Botschaft irgendein Hinweis darauf zu finden sei, daß Jim einen Paßersatz beantragt hatte, nachdem er seinen Paß angeblich auf Korsika verloren hatte. English sagte, er werde das für mich nachprüfen, und ich solle ihn zurückrufen. Als ich ihn wieder anrief, hatte er nachgesehen, dabei aber festgestellt, daß nur die Akten aus den letzten zehn Jahren auf der Botschaft aufbewahrt wurden. Alle früheren mußten beim Innenministerium in Washington D.C. liegen.

Ich fragte, wie denn bei einem Antrag auf Paßersatz verfahren worden wäre? Er erklärte, der alte Paß und die alte Paßnummer wären annulliert und damit ungültig gemacht worden, und der neue Paß hätte eine neue Nummer und ein neues Gültigkeitsdatum bekommen. Der Paßbesitzer wäre aufgefordert worden, den alten Paß nicht zu verwenden, falls er wieder auftauchen sollte. Ich dankte ihm für seine Hilfe, und er wünschte mir Glück.

Der alte Paß war tatsächlich wieder aufgetaucht, und Pamela hatte ihn der Polizei gezeigt, um die Leiche zu identifizieren. Was war also mit dem neuen Paß geschehen? Ich rief im Innenministerium in Washington D.C. an, um herauszufinden, ob ich unter Berufung auf den *Freedom of Information Act* an die Informationen über Jims Paß herankommen könnte. Ich erfuhr, daß ich haben konnte, was ich wollte, aber – und das war ein großes »Aber« – daß es 18 Monate dauern würde, bis ich eine Antwort bekäme. Nun, ich hatte keine 18 Monate Zeit, also verwarf ich diese Möglichkeit. Ich hoffte, daß Danny Sugerman mir vielleicht helfen würde, diese Frage zu beantworten, da er gemäß dem *Freedom of Information Act* Dokumente eingesehen hatte; ich schickte ihm also ein Fax, doch er antwortete nicht. Danke, Danny.

Die Sache mit Jims Paß ging mir ständig durch den Kopf. Aus den Polizeiakten ging hervor, daß seine Leiche mit Hilfe des Fotos auf seinem alten Paß identifiziert wurde, der einen Monat nach seinem Tod ausgelaufen wäre; von einem neuen Paß wurde nichts erwähnt. Vielleicht hatte er gar keinen bekommen, aber wie ließ sich das nachprüfen? Washington würde mir da so schnell nicht behilflich sein ... Es mußte noch einen anderen, schnelleren Weg geben. Natürlich: Jim hätte zu einem Fotografen gehen müssen, um ein Paßbild machen zu lassen, denn das Bild mußte eine bestimmte Größe haben, und Automatenbilder wurden nicht akzeptiert. Es war praktisch sicher, daß in der Dunkelkammer eines Fotografen irgendwo im vierten Arrondissement von Paris Schwarzweiß-Negative von Jim Morrison existierten. Und höchstwahrscheinlich wußte der betreffende Fotograf nicht einmal, wer und was das war, das da in seinem Archiv versteckt lag.

Ich bat Nadine, noch einmal mit ihrer Freundin Kontakt aufzunehmen und sie zu bitten, eine Liste der Fotostudios im vierten Arrondissement zusammenzustellen. Ein paar Tage später kam eine Liste mit sämtlichen Fotogeschäften von Paris mit der Post – es waren ein paar herausgerissene Blätter aus den Gelben Seiten. Wir versuchten zwar, einige der Fotografen anzurufen, aber die Spur war doch zu schwach, um ihr telefonisch oder auch persönlich nachzugehen. Vielleicht wird eines Tages jemand in den Unterlagen eines Berufsfotografen im vierten Arrondissement von Paris auf Jims Paßbild stoßen. Ich bin sicher, daß es irgendwo sein muß, wenn auch versteckt wie die Nadel im Heuhaufen.

Inzwischen versuchte ich auch herauszufinden, wo Agnes Varda sich aufhielt. Das British Film Institute in London bestätigte, daß sie noch in der französischen Filmindustrie tätig war, und von ihrer Agentur Cinetamaris im vierzehnten Arrondissement in Paris erfuhr ich, daß sie gerade vor Ort arbeitete, in Frankreich auf dem Land. Ich schrieb ihr über die Agentur, aber es war vergeblich. Mein Brief voller Fragen blieb unbeantwortet, obwohl ich mehrmals nachhakte.

Noch eine weitere, eigenartige Spur tauchte gegen Ende meiner Nachforschungen auf: Marianne Faithfull war angeblich am Tag von Jims Tod irgendwie am Geschehen beteiligt gewesen. Dieses Gerücht ging schon seit Jahren um und war inzwischen fast vergessen, aber mit der Veröffentlichung von John Densmores Buch

Riders On The Storm im Herbst 1990 tauchte es wieder auf.

Densmore erzählt in seinem Buch, wie er einmal von einem Diskjockey aus Los Angeles auf Marianne Faithfulls Rolle bei Jims Tod angesprochen wurde; er selbst habe überhaupt nichts davon gewußt. Seltsamerweise war Densmore allerdings das einzige Doors-Mitglied, mit dem Jim während seiner letzten Tage von Paris aus – per Telefon – sprach. Von dem Diskjockey hörte Densmore angeblich folgende Version der Geschichte:

Im Sommer 1971 lebte Marianne mit einem französischen Grafen in Paris, mit dem Pamela während eines früheren Aufenthalts in Paris eine kurze Affäre gehabt hatte. Wie Pam nahmen auch Marianne und der Graf regelmäßig Heroin.

Am Morgen von Jims Tod erwachte Pam und fand die Tür des Badezimmers, in dem sie Jim vermutete, verschlossen. Da es ihr nicht gelang, die Tür aufzubrechen, hatte sie die Idee, ihren Freund, den Grafen anzurufen, der zwanzig Minuten später mit Marianne im Schlepptau eintraf. Zusammen brachen die drei die Tür zum Badezimmer auf und fanden Jim tot in der Badewanne. An diesem Punkt entschuldigten sich Marianne und der Graf und gingen, denn sie wollten nicht in den Tod eines berühmten Rockstars verwickelt werden und fürchteten die damit verbundenen Schlagzeilen. Ein weiterer Grund für ihren überstürzten Aufbruch war, daß sie damit rechnen mußten, für einen unannehmbar langen Zeitraum von ihrem Drogenvorrat getrennt zu sein, während sie von der Polizei ausführlich befragt wurden. Sie gingen also und baten Pam, niemals irgend jemandem zu erzählen, daß sie dagewesen waren, und Pamela hielt ihr Wort bis in den Tod. Nachdem Marianne und der Graf gegangen waren, rief Pamela angeblich Alan Ronay und Agnes Varda an und verhielt sich ihnen gegenüber, als seien sie die ersten, die sie benachrichtigte.

Der Geschichte in Densmores Buch zufolge fand Bill Siddons, als er in die Wohnung kam, einen geschnitzten hölzernen Kasten auf dem Kaffeetisch, öffnete ihn und fand Heroin darin. Er schloß daraus, daß Jim etwas von diesem Heroin genommen hatte, das er für Kokain hielt, und daß die Dosis dementsprechend zu hoch gewesen war. Pamela wäre in diesem Fall natürlich von Schuldgefühlen geplagt gewesen, weil Jim ihr verstecktes Heroin gefunden und – in der Annahme, es sei Kokain – davon geschnupft hatte.

Dies fordert eine andere Frage geradezu heraus: Hat die Polizei die Wohnung nicht gründlich durchsucht, als sie nach der Entdeckung von Jims Leiche dort war? Wenn Bill Siddons das Heroin so leicht finden konnte, dann hätten die Polizisten es allemal finden müssen.

Marianne Faithfulls Agent, Peter Charles von der Asgard-Agentur in London, setzte sich für mich mit Marianne in Verbindung und bat sie, die Behauptungen in Densmores Buch zu bestätigen oder aber zu dementieren. »Ja ... Marianne war zu der Zeit mit ihrem damaligen Freund in Paris, aber mit Jim Morrison hatte sie nie etwas zu tun«, berichtete er. »Sie hätte ihn allerdings gerne kennengelernt.«

Aber hatte sie ihn vielleicht »getroffen«, als er schon tot war?

»Wir wußten immer, daß es dieses und verschiedene andere Gerüchte gibt, aber auch dieses ist nicht wahr«, sagte er.

Schließlich schickte ich Peter Charles eine Kopie der entsprechenden Seite aus Densmores Buch. Sein einziger Kommentar war: »Wenn wir alles glauben würden, was in Büchern steht, dann wäre die Welt eine Scheibe.«

Während ich versuchte, einen Verlag zu finden, der sich für meine Entdeckungen interessierte, stieß ich ganz unerwartet auf Jonathan Dolgers Telefonnummer in New York. Das war ein echter Glücksfall, denn mit diesem Mann wollte ich unbedingt sprechen. Er war derjenige, dem Jim einen Tag vor seinem Tod ein Telegramm geschickt hatte. Ich rief ihn an und stellte mich auf die bewährte Art und Weise vor.

»Oh mein Gott!« sagte er. Es klang, als würde er aus einem Alptraum aufgeweckt.

Ich fragte ihn nach dem Telegramm, aber er sagte, er habe es nicht mehr. Zuerst dachte er, es befände sich vielleicht bei den Akten seiner früheren Arbeitgeber. Er erinnerte sich nur sehr vage an diese Zeit, nach so vielen Jahren, aber er wußte noch, daß Jim ihm ein Telegramm geschickt hatte, weil er den Umschlag seines Gedichtbands *The Lords And The New Creatures* ändern lassen wollte. Er stimmte mir zu, daß jeder x-beliebige dieses Telegramm hätte schicken können. Dann erinnerte er sich, daß ein Mann, dessen Namen er vergessen hatte, mit ihm Kontakt aufgenommen und ihn gefragt hatte, ob er das Telegramm von Jim haben dürfe. Das sei vier Wochen nach Jims Tod gewesen, und der Mann habe ihm erzählt, er sei bei Jim gewesen, als dieser starb.

Ich fragte, ob der Name des Mannes Alan Ronay gewesen sei? Dolger meinte, der Name komme ihm bekannt vor, aber er sei sich nicht sicher; er erinnere sich allerdings daran, wie der Mann ausgesehen habe. Ich dankte Jonathan für seine Hilfe und entschuldigte mich, daß ich ihn so überfallen hatte. Er sagte, das sei schon in Ordnung, und fügte dann mit ruhiger, trauriger Stimme hinzu: »Ich mochte Jim sehr. Er war ein feiner Kerl.« Ich legte den Hörer auf. Dieses Gespräch bewegte mich sehr. Ich hatte das Gefühl, daß ich hier jemanden in seiner Trauer gestört hatte, obwohl ja inzwischen zwanzig Jahre vergangen waren. Was für ein Interesse hätte Alan Ronay an dem Telegramm haben können? Ein Rock-Souvenir? Stand etwas in dem Telegramm, das seiner Meinung nach nicht an die Öffentlichkeit gelangen sollte? Ich bezweifle, ob wir auf diese Frage je eine Antwort finden werden.

Warum hat nicht schon früher jemand versucht, das Rätsel um Morrisons Tod aufzuklären? Da es keine offiziellen Beweise gab, konnten sich jahrelang Gerüchte, Lügen, Verdächtigungen und der Mythos einer Art Verschwörung ausbreiten. Es ist nicht einfach gewesen, all die bürokratischen Hürden zu überwinden. Ich bin mir ganz sicher, daß Alan Ronay, Agnes Varda, Bill Siddons und noch ein paar andere enge Freunde mehr wissen, als sie offiziell ausgesagt haben. Und es ist wahrscheinlich, daß auch die noch lebenden Mitglieder der Doors mehr wissen, als sie publik gemacht haben.

Vielleicht wurde der ganze Mythos, das Gerücht, daß Jim Morrison noch am Leben sei, gezielt in die Welt gesetzt, um das Interesse an den Doors und ihrer Musik aufrechtzuerhalten. Es ist ein ansprechender Mythos, und die Plattenindustrie hat schon weitaus Schlimmeres unternommen, um den Verkauf über die Jahre in Schwung zu halten. Wenn mich jemand fragen würde, ob ich glaube, daß Jim Morrison noch am Leben ist, dann würde ich sagen, die Chancen stehen eins zu neunundneunzig – eins deswegen, weil nur Pamela und die Leute vom Rettungsdienst die Leiche gesehen haben und weil diese von Pamela und mit Hilfe des alten Passes identifiziert wurde. Die Polizei akzeptierte das und hatte auch keinen Anlaß, es nicht zu tun. Pamela behauptete, es handele sich um Jim Morrison, und die Polizeibeamten nahmen sie beim Wort.

Ich kann mir nicht vorstellen, daß Jim und Pam unter großem Aufwand eine echte Leiche besorgten. Denkbar wäre höchstens, daß ein Freund in ihrer Wohnung starb und sie erkannten, daß dies die Gelegenheit zum Verschwinden war, auf die Jim so lange gewartet hatte. Aber das ist nur ein Gedankenspiel – wenn Jim wirklich alles hätte hinter sich lassen wollen, hätte er sich schließlich einfach zurückziehen und in Frankreich bleiben können, wo er nicht so bekannt war. Auf diese Weise hätte er sich auch nicht von Pamela trennen müssen.

Auch Pamelas späteres Leben spricht dagegen, daß Jim irgendwo versteckt lebte. Sie war bald völlig heroinabhängig und machte einige Selbstmordversuche, unter anderem einen, bei dem sie einen Lastwagen direkt in ihre Boutique Themis fuhr, die Jim ihr gekauft hatte, bevor die beiden nach Frankreich gingen. Am 25. April 1974, drei Jahre nach Jims Tod, starb sie in ihrer Wohnung in Hollywood an einer Überdosis Heroin; es war ihr offensichtlich nicht gelungen, über Jims Tod hinwegzukommen und für sich allein einen neuen Anfang zu machen. Es gibt keinerlei Anhaltspunkte, daß sie ihn heimlich irgendwo besuchte, und es ist äußerst unwahrscheinlich, daß sie sich auf eine Unternehmung eingelassen hätte, die das Ende ihrer Beziehung zu Jim bedeuten mußte. In vieler Hinsicht ist ihr späteres Leben als trauernde Witwe der beste Beweis dafür, daß Jim wirklich tot ist.

Gibt es also trotzdem noch ein Geheimnis, oder haben sowohl die Polizei als auch die amerikanische Botschaft bloß geschlampt, als sie anfangs bestritten, etwas von Morrisons Tod zu wissen? Ich finde, es gibt immer noch Grund genug, die Todesursache in Frage zu stellen, wenn auch nicht den Tod an sich. Zu der Zeit, als Morrison in Paris war, hielten es viele Leute in der französischen Rockszene einfach für cool, Heroin zu nehmen. Für die Dealer in der Rue de Seine wäre die Vorstellung, daß Jim Morrison kein Heroin nahm, absurd gewesen, besonders weil Pamela ja regelmäßig Heroin nahm und es also auch bei jemandem kaufte. 1971 galt Rockmusik immer noch als revolutionäre und gegen das Establishment gerichtete Kraft; besonders in Frankreich, wo Hardrock nur einen sehr kleinen Prozentsatz der verkauften Schallplatten ausmachte. Überhaupt irgend etwas über amerikanische und britische Underground-Musik zu wissen, war schon an sich eine Aussage darüber, wie man leben wollte und wo man hingehörte.

Morrison ging oft in den Rock'n'Roll Circus in der Rue de Seine, in jenen Tagen die Szenekneipe der Pariser Musiker, und sicher hätten sich die Dealer dort um die Ehre und das Ansehen gedrängt, ihm etwas von ihrem Stoff zu geben oder – noch besser – zu verkaufen. Da er kein Französisch sprach, kann man sich leicht vorstellen, wie er sich Heroin geben ließ, in der Annahme, es sei Kokain. Andererseits experimentierte Morrison gern. Vielleicht beschloß er, einmal Heroin zu probieren, ohne daran zu denken, daß es sehr viel stärker sein würde als das Heroin, das man in den U.S.A. auf der Straße kaufen konnte.

Was auch immer wirklich geschehen ist, es war ein erbärmliches Ende für solch ein Talent. Ein erbärmliches Ende in einem erbärmlichen Grab. Es wundert mich, daß die Morrisons die sterblichen Überreste ihres Sohns nicht in die Staaten haben überführen lassen, wo sie den Zustand des Grabes im Auge hätten behalten können, oder daß die anderen Doors-Mitglieder nicht genügend Geld zusammengelegt haben, um das Grab auf dem Père-Lachaise-Friedhof wieder herrichten und in einem würdigen Zustand halten zu lassen. Auch so ist es ein Altar für die Band – für ihre Band –, aber ein sehr verwahrloster.

Der Grund, warum ich diese Suche überhaupt unternommen habe – abgesehen davon, daß ich der Fotograf sein wollte, der Jim Morrison 19 Jahre nach seinem »Tod« ablichten würde – ist der, daß ich auch nach all den Jahren noch Kraft und Energie aus den Texten und der Musik der Doors beziehe.

Wo immer er auch sein mag, Jim Morrison lebt weiter – in seiner Musik. Ruhe in Frieden, Jim Morrison.

Dokumente

REPUBLIQUE FRANÇAISE

MINISTÈRE DE L'INTÉRIEUR

PREFECTURE DE POLICE

DIRECTION
de la
POLICE JUDICIAIRE

SERVICE

ARSENAL

PROCÈS-VERBAL

Rep. N° 997

AUDITION DE Mr RAISSON Alain

eutenant des sapeurs
mpiers).

L'an mil neuf cent soixante et onze

le Trois Juillet

à quatorze trente heure

Nous, MANCHEZ Jacques, O.P.P

Officier de Police Judiciaire,

Entendons Monsieur RAISSON Alain né le IO Octobre I940 à Paris 8e, Lieutenant, à la Brigade des Sapeurs Pompiers de Paris ,7 rue de évigné à Paris 4e,

il déclare,

"Ce matin à 9h20 je me suis rendu chef de garde du fourgon pompe I7 rue Beautreillis à Paris 4e au 3e étage droite., pour axphyxié. En arivant sur place la porte de l'appartement nous a été ouverte par une jeune femme ne parlant pas Français qui nous a e mmené dans la salle de bain. Dans cette pièce se trouvait, dans la baignoire un homme entierement nu de frote corpulence. La tête se trouvait hors de l'eau reposant sur la paillasse droit rejetée en arrière. La baignoire était pleine d'eau legerement teinté rosé le bras droit reposait sur le rebord de la baignoire dont l'eau était encore tiède, ainsi que le corps. Avec mes hommes j'ai sorti le corps et je l'ai étendu par terre dans la chambre à coucher où j'ai commencé à pratiquer massages cardiaques mais je me suis rendu compte aussitot de la mort certaine de la victime j'ai fait déposer le corps sur le lit.

SI Lorsque je suis entré dans la salle d'eau il y avait un, peu d'eau à terre près de la baignoire et le peignoir de la personne qui nous a ouvert la porte était mouillé.

SI Un peu de sang a coulé de la narine droite lorsque nous avons étendu le corps par terre.

Après avoir lu persiste et signe
L'Officier de Police Judiciaire

PREFECTURE DE POLICE — ARSENAL, PARIS 4e

3

Imp. S T 3202 10-69 Translucide

PARQUET DE PARIS

RÉFERENCE DU DESTINATAIRE

REPUBLIQUE FRANÇAISE

MINISTÈRE DE L'INTÉRIEUR

PREFECTURE DE POLICE

DIRECTION
de la
POLICE JUDICIAIRE

SERVICE

ARSENAL

PROCÈS-VERBAL

L'an mil neuf cent soixante **et onze**

le **Trois Juillet**

à **neuf** heure **quarante**

Nous, MANCHEZ Jacques, O.P.P

Officier de Police Judiciaire, en fonction au Commissariat de l'ARSENAL

Cor N°
Rép N° 997

ENQUETE DECES

Affaire MORRISON James

SAISINE

Sommes informé par la Police Municipale que le car Police secours du 4e arrt s'est transporté ce jour à 9h25, I7 rue Beautreillis à Paris 4e escalier A 3e étage droite. Le locataire des lieux Monsieur MORRISON James agé de 28 ans a été trouvé mort dans sa baignoire par sa concubine mademoiselle COURSON Paméla.

Nous rendons compte à notre chef de service qui nous charge de procéder à enquête.

L'Officier de Police Judiciaire

TRANSPORT ET CONSTATATIONS

Nous transportons I7 rue Beautreillis à Paris 4e, escalier A au 3e étage porte droite.

Sur place nous constatons la présence de sapeurs pompiers de la Caserne Sévigné et de l'effectif du car Police secours du 4e arrt.

Le chef du détachement des sapeurs pompiers nous informe qu'il a retiré de la baignoire de l'appartement le corps du locataire des lieux Mr MORRISSON et que ce corps a été déposé sur le lit de la chambre à coucher après avoir vainement essayé des massages cardiaques.

Nous transportant dans la chambre de l'appartement nous trouvons le corps d'un homme jeune et de corpulence assez forte allongé sur le lit. Ce corps est recouvert par le dessus de lit nous le découvrons de suite, il est allongé sur le dos, entièrement nu, les bras le long du corps. Les yeux sont mi clos et la bouche legerement entr'ouverte, un mince filet de sang a coulé de la narine droite la narine gauche est obstruée par un caillot. Le corps est encore souple, il ne supporte aucune trace de traumatisme ou de lésion quelconque. ../..

1

Imp. S T 3200 10-69 Translucide

VU et TRANSMIS

Le

Le Commissaire

Chef de Service

PREFECTURE DE POLICE ARSENAL PARIS 4

REPUBLIQUE FRANÇAISE

MINISTÈRE DE L'INTÉRIEUR

PREFECTURE DE POLICE

DIRECTION
de la
POLICE JUDICIAIRE

SERVICE

ARSENAL

PROCÈS-VERBAL

Rep. N° 997

TRANSPORT ET CONSTATATIONS.
(fin)

L'an mil neuf cent soixante et onze

le Trois Juillet

à dix heure trente

Nous, MANCHEZ Jacques, O.P.P

Officier de Police Judiciaire,

Nous ne constatons la présence d'aucun désordre dans la pièce où nous nous trouvons.

Continuant nos constatations nous pénétrons dans la salle d'eau où se trouve la baignoire dans laquelle se trouvait Mr MORRISON avant qu'il soit transporté sur le lit par les sapeurs pompiers. Cette pièce correspont avec la chambre par un couloir secondaire desservant également la cuisine. A main gauche est située la baignoire, en vis a vis un bidet, à main droite un lavabo et petit meuble de rangement. Les dimensions extérieures de la baignoire sont de Im50 x65 cm à l'interieur se trouve encore de l'eau très legerement rosée la baignoire est profonde de 35 cms et la hauteur de l'eau est de I9 cms cette eau est encore legerement tiède. A terre près d'un meuble de rangement nous remarquons la présence d'un récipient genre marmite de couleur jaune orange ce récipient est vide.

Nous quittons cette pièce pour nous rendre dans le salon de l'appartement où se trouvent trois personnes, deux femmes et un homme. Toutes ces personnes sont de nationalité Américaine, un gardien de la Paix nous indique qu'il s'agit de Melle COURSON Pamé la; amie de Monsieur MORRISON avec qui elle vivait maritalement à l'adresse, de Monsieur RONAY Alan compatriote et ami du couple MORRISON COURSON et de madame Aniece DEMY concubine de Mr RONAY.

Faisant suite à notre demande Monsieur RONAY qui seul parle Français, nous déclare verbalement que ce matin vers 8h30 ou 9 heures il ne sait exactement il a reçu à son domicile parisien 86 rue Daguerre à Paris I4e un appel téléphonique de Melle COURSON qui lui demandait de venir tout de suite rue Beautreillis lui disant que son ami MORRISON avait eu un malaise dans sa baignoire et qu'elle ne pouvait appeler elle même un médecin car elle ne parle pas Français. Monsieur RONAY est venu de suite accompagné de son amie Madame DEMY et il a prévenu les pompiers en voyant son ami MORRISON inanimé dans sa baignoire.

Par le truchement de Mr RONAY, Melle COURSON nous fait connaitre que son ami MORRISON s'est levé ce matin vers 4 heures pour prendre un bain car il ne se sentait pas bien. Melle COURSON s'était rendormie et en s'éveillant vers 8h30 elle avait vu que son ami n'était pas revenu se coucher, elle s'était rendu dans la salle d'eau et avait vu son ami inanimé dans la baignoire, la tête hors de l'eau, qu'elle avait essayé de le sortir de la baignoire mais n'y serait pas parvenu Mr MORRISON mesurant Im86.

Nous invitons Melle COURSON et Mr RONAY à se présenter au servive pour audition.

L'Officier de Police Judiciaire

Imp. S T 3202 10-69 Translucide

RÉPUBLIQUE FRANÇAISE

MINISTÈRE DE L'INTÉRIEUR

PREFECTURE DE POLICE

DIRECTION
de la
POLICE JUDICIAIRE

SERVICE

ARSENAL

PROCÈS-VERBAL

Rep. N° 997

AUDITION DE Melle COURSON
Paméla.

L'an mil neuf cent soixante et onze

le Trois Juillet

à quinze heure quarante

Nous, MANCHEZ Jacques, O.P.P

Officier de Police Judiciaire,

Entendons mademoiselle COURSON Paméla Susan née le 22 Décembre 1946 à Weed (Calé fornie), sans profession de nationalité Américaine domiciliée I7 rue Beautreillis à Paris 4e,

elle déclare sur interpellation

"Je suis l'amie de Monsieur MORRISON James et je vis maritalement avec lui depuis 5 ans.

"Je suis arrivé en France avec mon ami au mois de Mars dernier j'avais trouvé lors d'un précédent court séjour une sous location à l'adresse I7 rue Beautreillis au 3e étage coté droit. Mon ami était écrivain mais il vivait surtout sur une fortune personnelle.

"Avant de venit habiter rue Beautreillis j'ai vécu 3 semaines avec mon ami à l'Hotel de Nice rue des Beaux Arts je crois et là mon ami s'est trouvé souffrant il se plaignait de mal respirer il avait aussi des crises de toux dans la lnuit. J'avais appelé un médecin ce praticien est venu à l' Hotel il a prescrit des pilules contre l'asthme;mais mon ami n'aimait pas voir les med cins et ne s'est jamais soigné sérieusement.SI Je ne puis préciser quel est le médecin qui a soigné mon ami et je n'ai pas gardé d'ordonnance.Lors d'un précédent séjour à Londres mon ami avait déjà eu les mêmes malaises .

"Hier soir j'ai diné avec mon ami je m'explique mal ,je n'ai pas diné hier soir et mon ami est allé seul diner dans un restaurant sans doute dans le quartier.Lorsque mon ami est revenu du restaurant nous sommes allés tous deux au cinéma voir jouer "La Vallée de la Peur",le cinéma se trouve près du métro Le Pelletier il s'appelle je crois "Action Lafayette"?Nous sommes revenus du cinéma vers I heure ce jour ,j'ai fait la vaisselle et mon ami a projeté des films d'amateur avec sa caméra.Mon ami paraissait en bonne santé il semblait très heureux.Mais je dois dire que mon ami ne se plaignait jamais ce n'était pas dans sa nature.Ensuite nous avons écouté des disques je dois dire que le tourne disques se trouve dans la chambre à coucher et nous écoutions la muqique allongés tous deux sur le lit.Je crois que nous nous sommes endormis vers 2h30 mais je ne puis dire exactement l'electrophone s'arrête automatiquement.

SI Non nous n'avons pas eu de rapport sexuel hier soir.

Vers 3het demi je crois car il n'y a pas de pendule dans la chambre et je ne me suis pas inquitée de l'heure j'ai été réveillée par le bruit que faisais mon ami en respirant sa respiration était bruyante et j'avais l'impression qu'il étouffait cela faisait du bruit j'ai secoué mon ami et je lui ai envyé quelques giffles pour essayer de le réveil-

../..

P Courson

PREFECTURE DE POLICE · C. ARSENAL, PARIS

Imp. S T 3202 10-69 Translucide

RÉPUBLIQUE FRANÇAISE

MINISTÈRE DE L'INTÉRIEUR

PREFECTURE DE POLICE

DIRECTION
de la
POLICE JUDICIAIRE

SERVICE
ARSENAL

PROCÈS-VERBAL

Rep. No 997

AUDITION DE Melle COURSON (suite)

L'an mil neuf cent soixante et onze

le Trois Juillet

à seize heure trente

Nous, MANCHEZ Jacques, O.P.P

Officier de Police Judiciaire,

../..

je l'ai secoué. Il s'est réveillé je lui ai demandé ce qui n'allait pas, je voulais appeler un médecin. Mon ami m'a dit qu'il se sentait bien et qu'il ne voulait pas voir de médecin. Il s'est levé et a marché dans la chambre puis il m'a dit qu'il voulait prendre un bain chaud, il s'est dirigé vers la salle de bain il a fait couler son bain alors qu'il se trouvait dans la baignoire mon ami m'a appelé me disant qu'il avait la nausée et envie de vomir. Je suis allée dans la salle de bain en passant j'ai p pris dans la cuisine un récipient genre marmite de couleur orange mon ami a vomi dans ce récipient que je tenais de la nourriture il me semble qu'il y avait du sang avec, j'ai vidé le contenu, puis de nouveau mon ami a vomi dans ce récipient uniquement du sang, puis une troisième fois des caillots de sang. J'ai vidé à chaque fois le contenu dans le lavabo de la salle de bain puis j'ai rincé ce récipient. Puis mon ami m'a dit qu'il se sentait "bizarre", mais il m'a dit je ne suis pas malad n'appelle pas un médecin je me sens mieux, c'est fini. Il m'a dit "va te coucher", qu'il allait terminer de prendre son bain et qu'il viendrait me rejoindre au lit. A ce moment il me semblait que mon ami allait mieux parce qu'il avait vomi ses coule rs étaient revenues un peu. Je suis allée me recoucher et je me suis tout de suite endormie j'était rassurée.

Je ne sais combien de temps j'ai pu dormir, je me suis réveillée en sursaut et j'ai vu que mon ami n'était pas couché près de moi j'ai couru à la salle de bain et j'ai vu que mon ami était encore dans la baignoire sa tête n'était pas dans l'eau il semblait dormir sa tête était appuyée contre le rebord de la baignoire, un peu de sang se trouvait sous les narines. J'ai secoué mon ami j'ai cru pouvoir le réveiller, je croyais qu'il avait un malaise et qu'il était inconscient. J'ai essayé de le sortir de la baignoire mais je n'ai pas pu. A ce moment j'ai téléphoné à Monsieur RONAY un compatriote pour qu'il appelle une ambulance. Puis une demi heure après environ Monsieur RONAY est venu chez moi. Lorsque Monsieur RONAY est arrivé avec son amie Madame Aniècé DEMY ils ont appelé je crois les pompiers ou la Police.

SI Je suis domicioiée aux USA à l'adresse suivante 8216 Norton Avenue Los Angelès Californie, ma soeur est domiciliée à cette adresse et habituellement je vis chez ma soeur.

Je vais m'occuper des obsèques avec l'aide de mon ami Monsieur RONAY.

Mademoiselle COURSON ne parlant pas Fra,çais, lecture est faite par Monsieur NORAY qui nous a servi d'interprète. Melle COURSON persiste et signe.

L'O.P.J

P. Courson

PREFECTURE DE POLICE — ARSENAL PARIS-4e

Imp. ST 3202 10-69 Translucide

REPUBLIQUE FRANÇAISE

MINISTÈRE DE L'INTÉRIEUR

PREFECTURE DE POLICE

DIRECTION
de la
POLICE JUDICIAIRE

SERVICE

ARSENAL

PROCÈS-VERBAL

Rep. No 997

AUDITION DE Mr
RONAY Alan.

L'an mil neuf cent soixante et onze

le Trois Juillet

à dix huit heure cinquante

Nous, MANCHEZ Jacques, O.P.P

Officier de Police Judiciaire,

Entendons Monsieur RONAY Alan Claude né le 16 Juin 1933 à ~~Paris~~ Neuilly (Seine), technicien dans le cinéma de nationalité Américaine domicilié de passage à Paris 86 rue Daguerre à Paris et de façon habituelle 14527 Dickens Avenue Los Angelès (Californie),

il déclare,

"Je connais Monsieur MORRISON depuis 1963: c'est un de mes amis. Mr MORRISON est venu me voir à Londres le 5 Juin dernier où je me trouvais en vacances il était accompagné de Melle COURSON. Je savais que mon ami MORRISON vivait maritalement avec Melle MORRISON depuis plusieurs années.

"Ce matin vers 8h30 j'ai été réveillé par un appel téléphonique de Melle COURSON qui demandait du secours elle m'a dit de venir tout de suite elle pleurait elle m'a dit que son ami avait perdu connaissance. Je me suis levé et je suis venu de suite rue Beautreillis en compagnie de mon amie madame DEMY Lorsque je suis arrivé j'ai vu dans la rue les pompiers je leur ai demandé ce qui se passait ils ne m'ont pas renseigné. Je suis monté à l'appartement j'ai vu Melle COURSON qui pleurait et qui m'a dit que son ami était mort.

SI Je n'ai pas voulu voir le corps mais je sais qu'à mon arrivé il était déjà dans son lit sorti de la baignoire.

SI Mon ami MORRISON buvait beaucoup et il ne supportait pas tellement l'alcool.

SI Je suis sur que mon ami ne se droguait pas il parlait souvent de la bétise des jeunes qui se droguaient et considérait ce problème comme très grave.

J'ai vu Mr MORRISON durant tout l'après midi je l'zi quitté vers 18 heures. J'ai trouvé qu'il avait très mauvaise mine et je lui ai dit il m'a répondu que tout allait très bien, d'ailleurs il ne se plaignait jamais. Je me suis promené avec lui hier après midi il m'a dit qu'il se trouvait fatigué, au cours de la promenade il a eu une crise de hoquets cette crise a duré selon moi près d'une heure, un moment il a fermé les yeux et j'ai trouvé que son teint était gris. Il m'a dit qu'il fermait les yeux pour se concentrer et faire passer ces hoquets. Nous avons aussi monté dans l'appartement des buches qui se trouvaient dans la cour, mon ami a beaucoup peiné pour cet effort. Je vais m'occuper des obsèques conjointement avec Melle COURSON.

Après avoir lu persiste et signe
L'Officier de Police Judiciaire

PREFECTURE DE POLICE 4 ARSENAL PARIS 4e

8

Imp. S T 3202 10-69 Translucide

RAPPORT MÉDICO-LÉGAL

Vu et JOINT :
L'Officier de Police Judiciaire

PRÉFECTURE DE POLICE
Cier ARSENAL PARIS-4e

Je soussigné **Max VASSILLE ,médec~~i~~in assermenté**
Docteur en Médecine de la Faculté de **PARIS**
demeurant à **Paris 3I rue du Renard**
requis par Monsieur **BERRY Robert** Commissaire de Police
de **l'ARSENAL**
Officier de Police Judiciaire,
agissant sur délégation de Monsieur le Procureur de la République conformément à l'article 74 du Code de Procédure Pénale, serment préalablement prêté de donner mon avis en mon honneur et conscience,
me suis présenté le **3 Juillet I97I** à **I8** h
à (1) **I7 rue Beautreillis escalier A 3e étage droite**
afin d'examiner le corps identifié par l'enquête judiciaire comme étant
celui d**u** nommé **MORRISSON James**
âgé de **28** ans.

J'ai constaté : que le corps ne présente en dehors des lividités cadavériques habituelles aucune trace suspecte de traumatisme ou de lésion quelqonque.Un, peu de sang au niveau des narines.L'evolution de~~un~~ état de santé de Mr MORRISON telle qu'elle nous a été raconté par un ami présent sur les lieux peut se reconstituer ainsi,Mr MORRISON se plaignait depuis quelques semaines de douleurs précerdiales avec dyspnée d'effort il s'agit manifestement de troubles coronariens peut être aggravés par l'abus de boisson alcoolisées.On peut concevoir qu'à l'occasion d'un changement de température extérieure suivie d'un bain ces troubles se soient aggravés bruqquement donnant le classique infarctus du myocarde cause de mort subite.

De mon examen je conclus que la mort a été provoquée par un arrêt cardiaque (mort naturelle).

Paris, le **3 Juillet I97I**

(1) Lieu de l'examen

7

Imp. S T 3220 3-59 TRANSLUCIDE

DESTINATAIRE

PARQUET DE PARIS

RÉPUBLIQUE FRANÇAISE

Paris le 4 Juillet 1971

PRÉFECTURE DE POLICE

DIRECTION de la POLICE JUDICIAIRE

RAPPORT

Le Commissaire de Police Pl chargé du quartier de l'ARSENAL

à Monsieur le Procureur de la République

PARQUET 1re SECTION PERMIS D'INHUMER

5 JUIL. 1971

MORT

TRIBUNAL DE GRANDE INSTANCE DE PARIS 769759 -5 JUIL 71 PARQUET

ARSENAL

M. Mr Robert BERRY

Commissaire de Police Pl

Cce N°

Rts N°

Rep. N° 997

J'ai l'honneur de transmettre une procédure diligentée suivant mes instructions et relative au décès du nommé

MORRISON James Douglas, né le 8 Décembre 1943 à Clearwater (Floride USA), écrivain de nationalité Américaine, domicilié depuis le mois de mars 1971 en sous-location 17 rue Beautreillis à Paris 4e et habituellement 85 ia Santa Monica Blvd Los Angelès (Calif) 90069.

Le 3 Juillet, entre 8h30 et 9 heures Mademoiselle COURSON Paméla, concubine de Mr MORRISON constatait que son ami, qui, dans le courant de la nuit vers 4 heures semble -t-il s'était levé pour prendre un bain n'avait pas regagné sa place dans le lit.

Melle COURSON se rendit dans la salle de bain et constata que Mr MORRISON se trouvait, inanimé dans la baignoire, la tête étant sortie hors de l'eau et reposant sur la paillasse. Melle COURSON qui ne parle pas Français appelé par téléphone un couple de compatriotes et amis Mr RONAY et son amie madame DEMY de passage à Paris 86 rue Daguerre qui arrivèrent de suite et appelèrent les pompiers et Police secours. Les pompiers sortirent le corps de Mr MORRISON de sa baignoire dont l'eau était encore tiède et tentèrent vainement des massages cardiaques.

L'enquête a fait connaitre que Monsieur MORRISON avait été pris de malaise dans le courant de la nuit, selon sa concubine il respirait avec difficulté et il voulut prendre un bain chaud. Dans la baignoire selon les déclarations de Melle COURSON il fut pris de vomissements que celle ci recueillit dans un récipient qu'elle a rincé avant de retourner se coucher pensant que ces vomissements allaient soulager le malade, et que celui ci reviendrait au lit après son bain. Elle se rendormit.

Aucun fait suspect n'a été remarqué sur place aussi bien dans l'appartement que sur le corps qui ne portait aucune trace de coups ou de lésions ou de trace de piqûres.

Le Dr VASSILLE requis aux fins d'examen a conclu à une mort naturelle due à un malaise cardiaque ayant pû être provoqué par un changement de température exterieure suivie d'un bain provoquant le classique infarctus du myocarde, cause de mort subite.

Il est à noter que Mr NORAY et Melle COURSON avaient remarqué déjà depuis plusieurs mois que ../..

Imp. S T 3205 2-59 Translucide

P. de P. Suite p. **deux**

../..

Mr MORRISON présentait des troubles respiratoires et qu'il avait mauvaise mine.Malgré les conseils Mr MORRISON ~~XXXXXXXXXMMMMMX~~ s'était toujours refusé à consulter un médecin.

En conséquence je soumets à votre visa un~~e~~ permis d'inhumer.Le corps repose sur place I7 rue Beautreillis Melle COURSON et Mr NORAY étant désireux de s'occuper des obsèques.

Le Commissaire Principal.

DIRECTION DU CABINET

Mairies de Paris

MANDAT D'INHUMATION

RENSEIGNEMENTS DIVERS

Décès déclaré le 3/7/71 à 14 heures 30

Lieu du service religieux Civil

2 e Classe. Taxe 12 fr.

Exposition à X heures

OBSERVATIONS

Ch. Verni - Civile Jupez

Imp. Chambord 30.000 3/69 Cde 10255

M. C. 228

2e Lot T. No 1540

RÉPUBLIQUE FRANÇAISE

LIBERTÉ - ÉGALITÉ - FRATERNITÉ

PRÉFECTURE DE PARIS

MAIRIE DU 4e ARRONDISSEMENT DE LA VILLE DE PARIS

Le Maire du 4e Arrondissement,

Vu le certificat remis par Monsieur Procureur de la République docteur en médecine,

Et qui constate le décès de Monsieur DOUGLAS MORRISON James

Agé de 27 ans, arrivé le 3 Juillet 1971 à 5 heures

Rue Beautreillis n° 17

Quartier

Ordonne au Chef de convoi (après avoir fait mettre le corps dans un cercueil muni d'une estampille portant

le n° 611 ( ) de faire transporter et inhumer le corps au cimetière de

le Mercredi 7/7/71 1971 à 8 heures 30

Paris, le 6 Juillet 1971

MAIRIE DU IVe ARR. DE PARIS - RÉPUBLIQUE FRANÇAISE

MAIRIE DE PARIS
Cimetière du Père Lachaise
16, rue du Repos
75020 PARIS
Tél. : 43.70.70.33
43.70.70.57
Fax : 43.70.42.18

James Douglas Morrison-

Décédé le 3 Juillet 1971. 4 arrdt. Rue Beautreillis 17.
inhumé 7 Juillet 1972
Fosse 2m. 6 Div. 2 face 5 47.73 cad. 590bis.

Acquéreur : Mlle Pamela . Courson, Suson. (cousine) le 6.7.1971.

Présentée comme son épouse le Avril 1977.
M.M. Marks Scherman Schwartz attorney at Law-

Marbrier Rébillon -

Sculpteur du buste (volé)
Mikulin Mladen 26.5.1981
16 Zagreb. Yougoslavie.
Yu. 41.419 - Vukovine - bon de pose 3 Juin 1981.

Jim Morrison – the deadly truth at last

By FIONA BARTON

THE extraordinary truth behind the bizarre death of rock legend Jim Morrison can be revealed exclusively today.

After 20 years, Morrison's best friend, who orchestrated a massive cover-up, yesterday broke his silence to end two decades of speculation.

Photographer Alain Ronay was summoned to Morrison's Paris apartment by the singer's distraught girlfriend soon after his death in the early hours of July 3, 1971.

He immediately covered up the truth about the singer's death, leading to speculation and conspiracy theories — even fond hopes that Morrison never died.

Despite repeated requests for the facts, he has left the legions of fans who have read the biographies and are now flocking to see the biographical movie, Doors, to their own speculations.

Now Ronay, who had known Morrison since student days in California and remained close to him in his days of decline in Paris, has revealed how:

- Morrison died after snorting heroin provided by his American girlfriend Pamela Courson, an addict.
- Pamela, who herself died of an overdose three years later, spent the next three days in the apartment with the corpse.
- Morrison had a premonition of his death.
- And Ronay misled police about Morrison's identity, then organised the almost anonymous funeral to protect both Pamela from investigation and the reputation of Morrison.

Classics

Ronay explains: 'I didn't want the world to know. I felt ashamed about it and there was the copycat factor — Jim could become a dangerous role model to those tempted to follow in his footsteps.

'The mystery, which would follow, would serve Jim's legend well.'

Paris-born Ronay was a regular visitor to Morrison's apartment. There the once lithe 'Lizard King', whose songs with the Doors such as Light My Fire and Riders On The Storm were Sixties classics, had become a bloated, drug-taking wreck at the age of 27.

Three days before Morrison's death Ronay had photographed him and Pamela together. On July 2 he had called again and spent the afternoon talking. Hours later came the call from Pamela saying Morrison was in the bath and not breathing.

Ronay alerted paramedics but there was nothing they could do. And, with her lover lying dead, Pamela confessed all she knew to Ronay.

She told him: 'We started snorting heroin and Jim began playing his records, I mean the ones he made. He played them all, one after the other.

'He played The End, of course, and we went to bed since we could hear from there.

'Then Jim asked me for more and he ended up taking much more than I did because he'd already had some by himself during the day.

'We'd also done some the night before.'

She admitted she had supplied the drugs and went on to chronicle his sordid end.

'I found him in the bathtub unconscious. Blood was running down his face. Then all of a sudden he began to throw up.'

Pamela told Ronay Morrison had said he was feeling better and she had gone back to bed. She woke to find her lover dead.

During the coroner's investigation, Pamela was allowed to keep the body, packed in ice, at the apartment for three days.

Ronay said: 'She insisted that still having Jim around gave her comfort and suggested she'd like to keep him like that forever.'

Ronay quickly started the cover-up. He told police Morrison's first name was Douglas, that he was an American poet and swore Pamela to secrecy. Any evidence of drugs was removed and a friendly coroner issued a death certificate without a full post-mortem.

No announcement of Morrison's death was made and only five people were at his funeral.

Ronay claimed Morrison appeared deeply disturbed during their last meeting, pleading with him not to leave.

Sensation

Just before going, Ronay experienced an eerie sensation as Morrison appeared to see his own forthcoming death.

He said: 'As I watched him, I thought his face took on the appearance of a death mask. The apparition disappeared as Jim opened his eyes, studied me and, expecting my lie, asked: "What did you see?"

'"Nothing, Jim. Nothing," I said.'

The singer had earlier told his friend he would be visiting the Pere-Lachaise cemetery in Paris. His prophecy came true when he was buried there in a plot which has become a shrine for his fans.

Bildlegenden

81 Hotel Intercontinental, Frankfurt, 14. September 1968

82 Kongreßhalle Frankfurt, 14. September 1968

83 Kongreßhalle Frankfurt, 14. September 1968

84 Jim Morrison in Chantilly bei Paris am 28. Juni 1971, fünf Tage vor seinem Tod.

85 Jim Morrison und Pamela Courson in Chantilly am 28. Juni 1971.

86 Rue Beautreillis 17 in Paris. Hier wohnte Jim Morrison mit Pamela Courson in den letzten Wochen vor seinem Tod.

87 Die Rückseite des Hauses in der Rue Beautreillis 17. Jim Morrisons ehemalige Wohnung befindet sich im dritten Stock in der linken Haushälfte.

88 Jim Morrisons Grab auf dem Père-Lachaise-Friedhof in Paris, Dezember 1983.

89 Oktober 1982

90 John Densmore, Ray Manzarek und Robby Krieger an Jim Morrisons Grab am 3. Juli 1981. Aus Anlaß des zehnten Todestages wurde eine weiße Marmorbüste aufgestellt; sie wurde im Mai 1988 gestohlen.

91 Im Dezember 1990 ließen Jim Morrisons Eltern einen neuen Grabstein errichten. Der Spruch auf der Bronzetafel stammt von dem griechischen Philosophen Sokrates und bedeutet »Nach deiner inneren Stimme«. Gemeint ist die göttliche Bestimmung eines Menschen, sein persönliches Schicksal.

92 Auf dem Père-Lachaise-Friedhof in der Nähe von Morrisons Grab, März 1991.

93 3. Juli 1991, der 20. Todestag.

94 Jim Morrisons Eltern am Grab, März 1991.

95 Juni 1989

96 April 1989

Bildnachweis

Pan-Foto/Günter Zint: 81, 82, 83

Alan Ronay: 84, 85

Bob Seymore: 86, 87

Patricia Devaux: 88, 89

Rainer Moddemann: 90

Michelle Campbell: 91, 92, 93, 94, 95, 96

Der Verlag dankt Rainer Moddemann vom *Doors Quarterly Magazine* für die Beratung.

Doors Fanclub
The Doors Quarterly Magazine
47809 Krefeld
(Info gegen Rückporto)

Georg Stein

Bob Dylan - Temples In Flames

Vorwort von Wolfgang Niedecken

Text von Martin Schäfer

96 Seiten · 70 Farb- und Schwarz-Weiß-Fotos
24 x 22 cm · Gebunden · Kunstdruckpapier
DM 44,- · ÖS 326,- · SFr 45,30 · ISBN 3-9802298-0-7

Zweifellos Fotos von ganz besonderer Aussagekraft.
tip / Berlin

David Dalton / Mick Farren (Hrsg.)

The Rolling Stones

In eigenen Worten

Aus dem Englischen von Torsten Waack

260 Seiten · 22 Schwarz-Weiß-Fotos
13,5 x 21 cm · Gebunden
DM 34,- · ÖS 252,- · SFr 35,20 · ISBN 3-930378-04-3

Erstmals kommen in einer einzigen Veröffentlichung alle Stones-Mitglieder zu Wort

Ein Werk, das anders ist als all die anderen.
Abendzeitung / München

Christof Graf

So long, Leonard

Leben und Lieder von Leonard Cohen

Vorwort von Herman van Veen

144 Seiten · 38 Schwarz-Weiß-Fotos
17 x 24 cm · Broschur
DM 29,80 · ÖS 221,- · SFr 31,- · ISBN 3-9802298-1-5

Der erste Bild-Text-Band in deutscher Sprache über Leonard Cohen

Ein gelungenes Buch.
Einkaufszentrale für öffentliche Bibliotheken

Konstantin Wecker

Schon Schweigen ist Betrug

Die kompletten Liedtexte

Vorwort von Dieter Hildebrandt

414 Seiten · 18 Schwarz-Weiß-Fotos
13,5 x 21 cm · Gebunden
DM 49,80 · ÖS 369,- · SFr 51,20 · ISBN 3-930378-00-0

Zum ersten Mal komplett: Die gesamten Liedtexte von Konstantin Wecker